à la vraie Angèle...

MENGASCINI

gigi bigot

raconte

peau d'âme

avec michèle buirette

voix et accordéon

dans la collection *conteur en scène*

abbi patrix raconte *au bout du monde*
abbi patrix raconte *le compagnon*
gigi bigot raconte *peau d'âme*
pépito matéo raconte *itinéraire bis*
pépito matéo raconte *urgence*
pépito matéo raconte *parloir*
praline gay-para et sandra nkaké racontent *un aller pas si simple*
yannick jaulin raconte *pougne-hérisson*
achille grimaud raconte *passage souterain*
daniel l'homond raconte *vide-grenier*

les prochains *conteur en scène*

abbi patrix raconte *les portes*
gigi bigot & michèle buirette racontent *poids plume*

dans la collection *écoute voir*

pépito matéo raconte *pola*
philippe salaün présente *60 x 60*

gigi bigot

raconte

peau d'âme

avec michèle buirette

voix et accordéon

entretiens

nathaël moreau

paradox

Angelita Bettini et son mari Yves devant la stèle du camp de Brens

Texte du spectacle p. 11
(avec en italique les parties chantées)

Album photos d'Angelita p. 54

Entretien entre Gigi Bigot et Nathaël Moreau p. 61

Portrait-questions à la manière de Proust p. 93

Entretien entre Michèle Buirette
et Nathaël Moreau p. 101

Éléments biographiques p. 123

Texte du spectacle
"Peau d'âme"

1940 ?

Y avait pas la télé! C'est pas pour ça qu' y avait pas de guerre. Aujourd'hui, on suit trés bien la guerre à la télé. C'est pas ça qui va l'empêcher...

Voila ce que fredonne Angèle, 80 ans, en regardant le journal télévisé.

Ça tournicote dans sa tête, elle ressasse. À chaque fois qu'elle regarde les infos, elle retrouve sa guerre à elle, celle de 39. D'ailleurs Angèle dit : il n'y a pas DES guerres, il y a LA guerre, et puis c'est tout.

À Cette époque, elle était à l'École normale. Un soir, avec deux copines, elles avaient prétexté un travail à finir pour rester dans la salle d'études. En fait, elles avaient rédigé un tract :

"Pétain met la France dans le pétrin !"

Elles l'avaient lissé à la pâte à polycopier. Ça leur faisait cent cinquante tracts à jeter sur le passage du Maréchal. Le lendemain, c'était Jeudi. Au lieu d'aller se promener, elles avaient glissé leurs tracts dans les boîtes du centre-ville. Elles ne s'étaient pas rendu compte qu'un homme en civil les suivait. Pourtant l'une des trois faisait toujours le guet au pied des immeubles. Elles n'avaient rien vu, même pas Pétain du coup, vu que l'après-midi, elles l'ont passé au commissariat ! Ensuite, elles ont été transférées à la prison de femmes de Rennes...

C'est Angèle qui a été portée responsable du trio.

C'est comme ça qu'en juillet 1940, elle s'était retrouvée sans jugement au camp de Rieucros, à côté de Mende, puis en février 42, transférée avec les autres femmes au camp de Brens, près de Gaillac. Angèle a même été au camp de Gurs pour la troisième villégiature ! Juste après les premiers congés payés, bravo Angèle !

Angèle aujourd'hui, c'est la princesse du review en arrière, la star du j'rembobine !

Je suis Angèle, scotchée à la télé
Je tricote le temps, ravaude les journées
Les fils s'emmêlent, les guerres se mêlent
Je saute à la marelle, boum,
De la terre jusqu'au ciel
Je saute à la marelle, boum,
De la terre jusqu'au ciel.

Imaginez avec elle : si la Deuxième Guerre mondiale se déroulait maintenant :

– Chers téléspectateurs, bonsoir.

– Aujourd'hui 25 juin 1940, nous sommes en direct de Mende, à Rieucros exactement, avec notre envoyé spécial dans quelques instants si la liaison se fait bien. Ensuite, nous accueillerons dans notre studio le représentant de la CIMADE* et un spécialiste des relations franco-allemandes afin d'analyser les tenants de ce conflit ainsi que ses enjeux.

D'ores et déjà, s'affiche sur votre petit écran le numéro de CCP où vous pouvez envoyer vos dons.

– Gustave, êtes-vous en ligne ?

– Tout à fait, je me trouve à Rieucros où sont internées trois cent cinquante femmes. Certaines depuis le mois d'octobre, les dernières depuis cette nuit puisque, à une heure du matin, est arrivé sous une pluie battante un camion non bâché en provenance de Bretagne.

– Nous apercevons derrière vous des barbelés, des baraquements ?

– Tout à fait, à l'intérieur de ce camp, uniquement des femmes réparties par baraque. Vous avez la baraque des "droits communs", et celle des politiques, la baraque des Françaises, celle des étrangères. Les républicaines espagnoles, les Juives, les Polonaises, mais également les Antinazie Allemandes...

Tout ce petit monde se côtoie en plusieurs langues avec plus ou moins de bonheur...

* CIMADE : Association crée en 1939, pour l'accueil des personnes etrangères.

Y'a d'la joie samedi nous faisons le ménage
Y'a d'la joie dimanche c'est jour de papotage
Y'a d'la joie lundi on a du vague à l'âme
Y'a d'la joie toujours y'a d'la joie

Toutes les démarches, nous les avons tentées
Est-ce qu'un jour bon sang, notre vie va changer ?
Le mardi enfin, c'est la journée des douches
Pétain, merci bien, on va pouvoir se laver.

Y'a d'la joie oui pardi une fois savonnées
Y'a d'la joie plus d'eau pour pouvoir se rincer
Mercredi j'attends mon visa du Mexique
Moi, du fric de l'Onc' d'Amérique.

Jeudi, aux amis nous écrivons des lettres
Pour tenir debout, exister et paraître
Vendredi, on trie, on épluche des courgettes
C'est nous les reines de la grande restauration.

Et voilà, le huitième jour de la semaine
On y croit, ce jour où s'éloignent nos peines
On le voit, ce jour où s'accrochent nos rêves
Y'a d'la joie quand on sortira.

Note de l'auteur : À partir d'une chanson composée en 1940 par Steffie Spira, comédienne allemande internée à Rieucros.

Aprés ce petit reportage au cœur même du camp, retour dans nos studios.

– Pouvez-vous nous dire quel est le motif de leur internement ?

– Eh bien, certaines de ces femmes comme les Antinazies Allemandes ou les Républicaines Espagnoles sont passées par la prison de la Petite Roquette, d'autres ont été arrêtées sur la voie publique en possession de documents compromettants contre les nouvelles orientations de notre gouvernement.

D'autres encore sont sorties pendant le couvre-feu, d'autres sont soupçonnées d'avortement. Enfin, bref, ce sont, selon les termes même de la Préfecture, des indésirables sur le territoire français.

– Et Kali, elle était juste Gitane... Il pourrait en parler quand même.

– Madame Angèle, puisque vous êtes là, pouvez-vous nous renseigner sur les conditions de vie pendant cette période ?

– Eh bien, ayant moi-même été internée pendant quatre ans, je peux dire que nous avons beaucoup souffert de la faim, du froid, mais encore plus de ne pas connaître notre avenir, et puisque vous me donnez la parole, j'aimerais...

– Merci, madame Angèle, malheureusement, nous devons rendre l'antenne pour une page de publicité.

À chaque internée, sa serviette,
À chaque internée, son assiette,
À chaque internée, son verre, ses couverts
Et surtout son récipient multifonction :
La nuit, vase de nuit ;
Le jour, cuvette, carafe, pot de fleur,
casserole, cafetière.
En fer blanc émaillé,
Blanc, blanc, blanc, toujours du blanc.
(bis)

C'est plus un salon là-dedans, c'est un sauna ! À quatre-vingts ans, Angèle fume comme un pompier. Un gouffre financier qu'elle dit. Elle fume parce qu'elle est insomniaque. Comme elle est insomniaque, elle regarde la télé jusqu'à pas d'heure...

Elle ne s'appelle pas Angèle pour rien.

Dans son prénom, il y a "ange", et puis il y a "aile", alors ça se comprend qu'elle décolle plus souvent qu'à son tour.

Déjà, quand elle était petite, à l'orphelinat, c'est le soir qu'elle aimait. Le soir, quand Mademoiselle Janick se couchait. Mademoiselle Janick, c'était la surveillante. Mais en serrant les dents, on pouvait prononcer Mamzelle Sale bique. Et quand Mamzelle Sale bique se calfeutrait dans sa guérite en tissu noir, pour la petite Angèle, c'était le meilleur moment de la journée...

Pourtant, le dortoir dans ce temps là, c'était pas le panard : trente lits d'un côté, trente de l'autre, pas chauffé ! Pas grave... Son lit, c'est le n° 18. Angèle dit : "Exact. A dix-huit ans, je serai plus ici, je serai barrée."

Le sommier est dur comme du bois ! Pas grave... Angèle rêve en vrai qu'elle a des plumes en faux dans son matelas.

Le soir... au moment de s'endormir, la petite Angèle tombait dans un grand trou.

Au début, elle avait l'impression que son cœur allait lâcher. Puis la vitesse ralentissait, maintenant, elle volait plus qu'elle ne tombait. C'est comme si sa jupe avait fait parachute. Elle atterrissait doucement dans une prairie pleine de fleurs blanches. La même prairie qu'en haut, où se tenait l'orphelinat, mais avec des fleurs, et au milieu, pas l'orphelinat, une maison. Une maison qui se balançait doucement sur les fleurs, comme si elle avait été un bateau. Dans son rêve, Angèle marche, ou plutôt elle rebondit à chaque pas, comme au ralenti. À la porte de la maison, une vieille l'attend, une vieille ridée comme une pomme toute ratatinée, avec des petits yeux ronds qui rigolent. Angèle voit bien qu'elle est gentille. La vieille l'attend, c'est pas rien ! Elle la fait rentrer, elle l'asseoit sur des coussins qui bougent, elle lui fait des crêpes, elle lui dit :

"Mange, petit cœur, mange... Oublie tes soucis. Donne tes habits gris."

Et à la place de la tenue de l'orphelinat, elle lui enfile une robe de princesse.

"Reste avec moi, petit cœur, tu m'aideras à tenir ma maison, à faire neiger des plumes sur le monde, et si tu es triste, je te chanterai la légende. Donne tes mains."

La vieille ratatinée lui passe un onguent sur ses gerçures. Angèle a les mains douces sous ses draps raides.

Le lendemain, Mamzelle Sale bique peut bien la secouer comme un prunier pour la réveiller. Ça ne supprime pas les plumes ! Ça les éloigne pour la journée, c'est tout. Ce soir, elle recommencera son petit cinéma.

Évidemment, Angèle était loin d'imaginer qu'à peine sortie – dix-huit ans, exact – elle se retrouverait enfermée.

Indésirable...

Indésirable, c'était marqué sur son arrêté de détention. C'est pas que jusqu'à présent, elle s'était sentie désirée depuis qu'elle était née... Mais quand même, quand c'est marqué, ça te marque aussi...

Je suis Angèle, tout juste dix-huit ans,
La peau blanche comme la neige
La colère rouge comme le sang
Indésirable, indésirée,
Le fil du barbelé dépenaille mes ailes.

Soixante ans plus tard, la vieille Angèle est tout autant dépenaillée. Pas à cause des barbelés, elle est dans son salon complètement enfumé. C'est à cause de l'article dans le journal local :

"LES GENS DU VOYAGE,
INDÉSIRABLES SUR LE TERRITOIRE DE NOTRE COMMUNE."

Alors ça, Angèle ne supporte pas ! Elle attrape une paire de ciseaux, elle découpe l'article, elle le fixe sur le frigo avec une petite vache en plastique aimantée, pour que son mari le lise dès son réveil. Je vous explique : Angèle et son mari font un peu les 3 / 8. Il se couche tôt, elle se lève tard. Il se lève tôt, elle se couche tard ! C'est un couple moderne, on ne se voit pas, on ne se chicane pas ! Tellement moderne que la porte du frigo, c'est un peu leur messagerie e-mail.

Tout à coup, Angèle entend frapper au carreau. Qui ça peut bien être ? Il est minuit quand même, et ils habitent au huitième étage ! Ça frappe encore...

Ça vient de la télé ! C'est la femme derrière l'écran, elle tape sur la vitre, elle dit : "Angèle, écoutez-moi !"

La femme qui lui parle dans la télé a l'âge d'être sa fille. C'est une jolie brune aux yeux bleus. Elle raconte :

C'était il y a sept ans. Quand la guerre avait éclaté, elle était en vacances au bord de la mer avec son mari et leurs deux enfants. Un matin, alors qu'ils dormaient dans leur chambre d'hôtel, on avait tapé, hurlé.

"Milice, ouvrez !"

Ils étaient un couple serbo-croate...
On avait emmené son mari, elle ne l'a jamais revu. Elle a reconnu son corps, grâce à ses habits, des habits d'été, des habits légers, des habits faits pour se retrouver avec sa femme et ses enfants, prendre le temps, jouer au ballon, manger une glace... Elle-même a été emmenée dans un camp, avec leur fils et leur fille. Puis on les a séparés...

Juifs ? Non. Croates.

Elle a été battue, violée. La peau blanche comme la neige, les larmes rouges comme le sang.
Maintenant, la guerre est finie. C'est pour ça qu'elle parle à Angèle dans la télé. Elle a appris la mort de ses deux petits, elle cherche leur corps pour pleurer dessus, pas à côté, dessus. Faire pousser un arbre, deux arbres... Accrocher des images entre les deux comme du linge. Elle cherche partout. Elle connaît bien leurs vêtements, des vêtements d'été, gais et colorés...

Je suis Angèle, serbo-croate
Je fume la cigarette
Les volutes m'entraînent
Je suis une mariée, la traîne effilochée (bis)

Deux heures du matin !!! Ça fait longtemps que l'émission est terminée. Angèle n'arrive pas à aller se coucher... Elle est sur son balcon, elle fume une cigarette, elle prend "un bain de lune" comme elle disait avec ses copines au camp de Rieucros.

Trois heures du matin ! Elle essaie de ne pas faire de bruit. Elle ne fait pas de bruit. C'est son mari qui a le sommeil léger... "Quelle heure il est ?" il demande.

"Il est né le divin enfant..."

Ça fait cinquante ans que la seule évocation de cette chanson les fait pouffer de rire. Même à deux heures du matin. C'est du comique de répétition...

Tout ça parce qu'aprés la guerre, Angèle avait été nommée institutrice dans un petit village breton à l'école laïque.

À l'époque, elle était mère célibataire d'un bébé de six mois. Le fruit d'une rencontre si furtive que, à son avis, c'était un coup du Saint-Esprit. Institutrice laïque ! Un miracle...

Or la tradition communale voulait que le village se sépare en deux le soir de Noël : les partisans de l'école privée à la messe de minuit ; ceux de l'école laïque direction salle des fêtes, spectacle gratuit avec arrivée du Père Noël en charrette recouverte de coton hydrophile pour faire la neige ! Père Noël joué jusqu'à présent par l'instituteur, récemment parti à la retraite.

Qui, cette année, allait le remplacer ? Le facteur ? Le président des parents d'élèves ? Le tenancier du bistrot *Au petit rouge* qui ne cachait pas ses opinions ?...

Total suspens...

Côté école privée, la grande fierté de la paroisse était sa crèche vivante ! Une vraie vache qui faisait le bœuf, un vrai âne. Une vraie Marie, un vrai Joseph, des vrais bergers, des vrais Rois mages. Tous les CM2 et les plus grands CM1 étaient enrôlés pour l'occasion, et surtout un vrai Jésus !

Pas trop petit ! Parce qu'il aurait peur – du bruit, des lumières (il faut dire que l'harmonium se déchaînait dans l'église magnifiquement illuminée). Pas trop grand non plus – pourquoi ? Pour qu'il ne se sauve pas de son petit lit de paille... Six-huit mois, c'était impeccable.

Là, devant la pénurie de bébé de cet âge dans la commune, qui c'est qui avait prêté le sien ? Je vous le donne en mille ! Angèle, la nouvelle institutrice de l'école laïque. Certains paroissiens ont hurlé au scandale ! Un enfant de fille-mère ! Futur élève de l'école du diable...

Mais d'autres ont rétorqué que Dieu aimait tous les enfants car ils étaient innocents ! Et de toute façon, cette année, on n'avait pas le choix !

Tout s'est bien passé jusqu'à la communion.

Le petit Jésus a beaucoup aimé les chants, l'harmonium, les lumières, le défilé de l'eucharistie. Tous ces gens qui lui faisaient des risettes, à qui il rendait force gazouillis... Mais quand ils sont retournés à leur place... Est-ce que le petit Jésus a trouvé le temps long ? Est-ce que la vache qui faisait le bœuf a approché sa grosse tête trop près ?... Ça peut faire peur ! En tout cas, le petit Jésus s'est mis à pleurer, doucement d'abord, puis de plus en plus fort. La CM2 redoublante de l'école des sœurs qui faisait la Sainte-Vierge a eu beau le prendre dans ses bras, le bercer, le petit Jésus ne voulait rien savoir. Il se débattait comme un diable. Le bœuf et l'âne se sont joints au concert. Les Rois mages et les bergers commençaient à s'agiter. Le curé ne pouvait plus en placer une. Discrètement, il a glissé quelque chose à l'oreille de l'enfant de chœur qui s'est sauvé comme une fusée par la petite porte de côté. Jésus continuait à brailler. Alors, la chorale a entonné un chant pour couvrir ses pleurs.

Il est né le p'tit innocent
Jouez hautbois il nous casse les burettes
Il est né le p'tit innocent
Chantons tous, couvrons son boucan

Tout d'un coup, la chorale s'est arrêtée net...

Pourquoi ?

Le Père Noël venait d'entrer dans l'église par la grande porte, précédé de l'enfant de chœur en nage. Le Père Noël traversait l'allée soulevant son manteau rouge pour courir plus vite, laissant entrevoir... des bas nylon et des souliers vernis... On a vu le Père Noël ouvrir le portillon de la crèche, s'asseoir sur le trépied de la Vierge Marie, passer sa barbe par dessus son épaule, déboutonner son manteau et offrir son sein au petit Jésus qui aussitôt s'est mis à téter.

Le curé a repris son sermon, la sueur perlant sur son front, les yeux brillants, fixés sur l'opulente poitrine (à l'air !) de la nouvelle Vierge Marie, un sermon qui parlait... d'amour !

Un jour, mon prince viendra,
Un jour, il me dira
Des mots d'amour qui seront si tendres
Que j'aurai du plaisir à l'entendre !
Qu'il vienne, je l'attends,
Craintive, le cœur battant,
Dans ses bras, un jour
Mon beau rêve enchanté
Deviendra réalité !

Trois mois après, il avait défroqué, six mois plus tard, ils étaient mariés, c'est comme ça qu'Angèle a rencontré son mari qu'elle réveille toutes les nuits... sans faire de bruit !

Quand elle a émergé le lendemain, il était quasi midi : normal, c'est son heure ! Son mari était rendu au café-PMU boire son p'tit blanc. Normal, le petit blanc pour son mari, c'est une résurgence du vin de messe, sa façon à lui de ne pas rompre totalement avec la religion.

En l'attendant, Angèle a préparé le déjeuner. Fast food aujourd'hui, parce qu'avec le ciel bleu qu'il y avait, c'était un temps pour aller à "sa campagne".

C'est comme ça qu'elle appelle son jardin, à huit cent mètres de son HLM. Avant, elle l'apercevait de son 8e étage. Maintenant, il y a une tour qui lui bouche la vue : c'est pour ça qu'elle ne veut pas le céder à la municipalité.

Angèle, c'est la dernière résistante du quartier. Astérix chez les Bretons !

Ils ont déjeuné, Angèle a mis ses cigarettes dans une poche, le journal dans l'autre, et hop, de la route...

Elle était encore sur le trottoir d'en face quand elle a aperçu dans son jardin, un fil à linge avec des vêtements d'enfant qui se balançaient. Angèle a traversé la rue, il y avait un feu au milieu, une vieille femme remuait des braises (elle lui rappelait Kali, son amie de Rieucros), à côté d'elle, deux gamins en train de faire griller du pain au bout d'une fourchette.

Angèle s'est avancée : dans le fond de son terrain, trois caravanes. Dans le fond de sa poche, le journal.

"LES GENS DU VOYAGE, INDÉSIRABLES..."

Angèle s'est approchée de la vieille gitane : "C'est mon jardin. Vous pouvez rester tant que vous le voulez, sauf que moi, de temps en temps, je viens voir mon pommier."

C'est tout ce qu'elle a dit ! Elle a sorti de son abri de jardin, son pliant pliable et elle s'est installée sous son pommier !

Elle aurait pu lui dire à la gitane que son pommier, il est particulier, son pommier, c'est un chatouilleur de mémoire...

C'était à Rieucros, Angèle avait vingt ans ! Ce matin-là, elle s'était réveillée la première (c'est fou comme on peut changer !). Elle s'était levée, malgré les protestations de ses voisines. Faut dire que, sur la paillasse, dès que l'une bougeait, toute la rangée, soit trente filles, le ressentait. Les femmes appelaient ça être solidaires !

Elle était sortie de la baraque. Personne dehors, juste Angèle directement sous le ciel. Elle avait grimpé le sentier qui mène au rocher des Espagnols. En haut de la colline, elle avait respiré à plein poumon. Elle s'était assise sur une souche : c'est là qu'elle l'avait vu, en bas, de l'autre côté des barbelés. Jeune, beau, attirant, en pleine force de l'âge, nu, juste couvert de fleurs blanches :

un pommier.

Un petit pommier en pleine floraison. Tout d'un coup, ce pommier dans le matin bleu, pour Angèle, c'était la vie, c'était tenir debout sur la terre, c'était tendre vers le ciel, et puis c'était de l'autre côté. C'est tout.

Jusqu'au 14 février 1942, quand les femmes ont été évacuées à Brens, Angèle a été amoureuse d'un pommier. C'est à cause de cette liaison "contre nature" que la première chose qu'elle a plantée ici, aprés la guerre, dans son jardin, c'était lui.

Soixante ans plus tard, la vieille Angèle sur son pliant pliable, regarde autour d'elle. Sur le fil à linge, il y a des habits de petit gars, on dirait des habits de nain, et puis une robe à volants comme celle que portait son amie Kali la gitane, au camp de Rieucros, quand elle avait joué Blanche-Neige ! Tout le monde l'aimait, Kali. Elle, elle aimait surtout la liberté. Elle disait : "Je vais pas rester là, je vais me sauver. Nous, les Gitans, on a des ailes au pieds." Elle s'évadait, mais on la rattrapait tout le temps.

"Je m'en fous, je vais recommencer !"

À Rieucros, on l'appelait "la crème des crèmes". Peut-être parce qu'elle connaissait plein d'histoires. Toutes les femmes adoraient l'écouter, les enfants aussi, qui étaient là avec leurs mères. Parmi eux, il y avait le petit Michel. Quand il écoutait les contes de Kali, il se sentait exactement pareil aux autres enfants. Il n'était plus le pouilleux, le sale Espagnol moqué par les élèves de l'école de Mende. Il se lovait dans la voix de Kali comme n'importe quel petit gars bien calé sur les genoux de sa grand-mère :

"Il était une fois une reine. Elle avait dans son royaume de beaux enfants blonds, de beaux enfants aux yeux clairs. Il y avait aussi une jeune fille brune avec des yeux noirs, des cheveux noirs comme du jais, la peau blanche comme de la neige. C'est pour ça qu'on l'appelait Blanche-Neige. La reine voyait bien que Blanche-Neige était belle, bien plus belle qu'elle. Plus elle grandissait, plus elle embellissait. Alors petit à petit, la reine lui a interdit de jouer dans le quartier.

– Et l'école ? Terminée, pour ce que ça va te servir !

D'ailleurs à l'école maintenant, on l'appelait "youpine".

Avant, elle était pareille aux autres, elle apprenait ses leçons, elle oubliait son crayon, elle se faisait gronder, elle jouait à la ronde, mais depuis quelques jours, sur sa blouse, il y avait une étoile de cousue. Une étoile jaune... C'est beau, une étoile. En plus, son père était tailleur, c'était forcément bien cousu. Pourquoi ses copines d'hier se moquaient d'elle aujourd'hui ?

Blanche-Neige tes copains tu quitteras
De ton chat te débarrasseras
Blanche-Neige de pain blanc ne mangeras
De viande ni d'œufs n'acquéreras
Blanche-Neige de confiture te priveras
Au cinéma tu n'iras
Blanche-Neige ta TSF tu rendras
De journaux tu ne liras
Le téléphone tu n'useras
Blanche-Neige point de valise n'achèteras.

C'est comme ça que Blanche-Neige s'est retrouvée parquée dans le quartier, mais toujours la méchante reine la croisait, et toujours son miroir lui disait que Blanche-Neige était la plus belle.

Alors un jour, elle a envoyé un chasseur la chercher. Un chasseur, avec des brodequins cloutés et une mitraillette à la main.

En 1940 à Rieucros, les internées jouent Blanche-Neige *

Blanche-Neige – Où allons-nous, Monsieur le chasseur ? Nous avons trop marché et j'ai peur. Qu'allez-vous faire de moi ?

Le Chasseur – Pas de pleurs, ni de peur qui tiennent. Nous sommes arrivés. Je peux te poignarder sans aucune gêne, le bois est assez épais.

Blanche-Neige – Faire une chose pareille est une horreur. Laissez-moi la vie.

Le Chasseur – Il faut que je te tue, pauvre princesse. C'est la reine qui le veut. Et pour être plus sûre, elle veut manger ton cœur.

Blanche-Neige – C'est affreux, c'est impossible, je ne veux pas mourir.

Le Chasseur – C'est en effet méchant et bien pénible, mais je dois l'accomplir.

Blanche-Neige – Je partirai, monsieur, et quoi qu'il arrive, jamais ne reviendrai.

Le Chasseur – Je ne peux pas tout risquer pour que tu vives. Il faut que je te tues. Mais attends un instant. Pour qu'on n'entende plus jamais parler de toi, je connais un endroit près de Mende où il existe un camp.

Blanche-Neige – Un camp de quoi, monsieur ? Ça m'intéresse.

Le Chasseur – Soi-disant d'indésirables... Mais c'est un drôle de camp, pauvre princesse. Il vaut mieux y renoncer. Tu y serais comme un fauve entre fils barbelés.

Blanche-Neige – Et pour combien de temps ?

Le Chasseur – Tu seras chauve plus tôt que libérée.

Blanche-Neige – Eh bien, m'y voilà. Ce camp d'où personne ne peut sortir, partout des barbelés, des baraques. Le chasseur aurait mieux fait de me laisser à la montagne retrouver mes petits nains.

"Coucou !"

Blanche-Neige – Qui a dit "coucou" ?

Le petit nain – Moi, un petit nain.

Blanche-Neige – Il y a des petits nains à Rieucros. Qui es-tu?

Le petit nain – Moi, je suis Timide.

Blanche-Neige – Eh bien, on ne le dirait pas.

Timide – C'est que Timide à Rieucros, ce n'est pas possible, tu comprends ? Alors, je suis devenu décidé.

Blanche-Neige – Et tes petits frères ?

Timide – Ils sont là aussi. Sauf Grincheux, il est au cachot, il a craché dans la soupe.

Blanche-Neige – Et pourquoi êtes-vous là ?

Timide – D'abord, il paraît que nous étions de trop. Et puis, le règlement c'est aussi qu'il ne faut pas chercher à comprendre.

Blanche-Neige – Je me conformerai au règlement. Pourvu que la méchante reine ne vienne pas.

♥

* Note de l'auteur : Ce texte a été écrit et mis en scène par les internées elles-mêmes. Michel del Castillo jouait un des petits nains.

La méchante reine avait beaucoup à faire. Partout elle voyait Blanche-Neige. Partout elle envoyait ses chasseurs. Elle a ouvert d'autres camps, en Polanska, en Austria, en Lituania... Mais toujours le miroir lui disait que Blanche-Neige était la plus belle. Alors on a coupé ses cheveux, on l'a affublée de vêtements trop grands, on lui a fait enfiler de gros godillots qui l'empêchaient de marcher.

– Alors, tu te crois toujours la plus belle ?

La méchante reine riait, riait. Blanche-Neige maigrissait. Elle se voyait dans ses compagnes. Parfois, l'une d'elles avait réussi à sauvegarder une photo du temps d'avant, il y a deux ans, au bord de la mer, avec son mari et leur petit garçon. Blanche-Neige dans son maillot de bain avec de beaux seins et des cuisses bien plantées.

Tu es trop belle, Blanche-Neige, la méchante reine ne veut pas, ramasse tes photos.

A la douche, Blanche-Neige, avec les autres...

A la douche !

Normalement, les petits nains devraient venir la chercher sur le charnier, puisque normalement, ils devraient l'emporter dans un cercueil de verre, puisqu'un prince devrait l'embrasser. Ça fait tellement de temps qu'elle a été embrassée sur la bouche, ça fait si longtemps qu'elle n'a pas fait l'amour... Dix ans ! Cent ans, comme la Belle au Bois dormant ? Mais les petits nains ne peuvent pas l'emporter. Ils sont en train de piocher dans le camp d'à côté.

Blanche-Neige, tu crèves,
Et les petits nains ne peuvent rien pour te sauver.
Juste pleurer, juste se rappeler.
Pour après, raconter comment on a fait mourir les fées.

Ca fait pile soixante ans ! C'est son pommier à Angèle, dés qu'elle est dessous, elle ne voit plus le temps passer.

♥

On est déjà le soir, c'est son mari qui est obligé de venir la chercher. Il s'appelle Yvon. Elle l'appelle Saint-Yves. Elle lui dit : "C'est vrai, t'es un saint, toi", puis elle rajoute : "Entre nous, heureusement que je t'ai défroqué quand même".

"Tu sais, cet après-midi, les gendarmes sont venus. Je ne les ai pas entendus arriver, j'étais en train de lire sous mon pommier. D'ailleurs, mine de rien, les petits gamins gitans m'observaient."

Angèle se dit que la prochaine fois, elle leur apportera un album avec des images... S'ils restent là, parce que justement les gendarmes sont venus lui dire que le voisinage se plaint.

"Qui est-ce qui se plaint ?"

"C'est anonyme" ils ont répondu.

Dénonciation anonyme ! Ça lui fait froid dans le dos, à Angèle. Des gens qui ne veulent pas être enfermés, elle comprend... C'est aussi à cause de Kali, avec ses ailes aux pieds.

La dernière image de Kali, c'est soixante ans plus tôt, aprés une évasion ratée du camp de Rieucros : Kali entre deux gendarmes, menottée, avec des chaînes aux pieds. Après, on ne sait pas ce qu'elle est devenue...

En rentrant dans son HLM, Angèle avait les jambes lourdes. Quatre-vingts ans, faut les porter ! Ce soir-là, avec Yvon, ils ont dîné en regardant le journal télévisé.

Attention, gare au mélange !

Chers téléspectateurs, bonsoir.

Aujourd'hui, 26 août 1942, un petit incident à déplorer au camp de Brens. En effet, l'acheminement des Israélites vers le camp de Saint-Sulpice en vue de leur transfert hors de la France, a provoqué une certaine effervescence dans les différents milieux du camp. Heureusement, cet événement déclencha un incident de courte durée. Les trente et une femmes Juives seront en transit quelques jours au camp de Drancy en attendant leur transfert pour Auschwitz. Le commandant du camp de Brens espère que ces petits incidents n'entraveront pas la bonne marche du camp et que tout reprendra bientôt son cours normal.

♥

Pas du tout ! C'est pas du tout comme ça que ça s'est passé ! Angèle sait de quoi elle cause, elle y était !

Ce matin-là, 26 août 42, dans le camp, branle-bas de combat. On ne savait pas trop comment les informations circulaient, mais on finissait toujours par être au courant. Là, on avait annoncé le départ de trente et une femmes juives. À cette époque, en 42, on avait aucune illusion sur leur destination.

Alors, quand les gendarmes sont entrés dans le camp au petit matin, toutes les résistantes, toutes les républicaines, les antinazies ont fait un barrage avec leur corps. Le barrage du pacifique.

Pendant trois heures, elles ont lutté.

Elles ont empêché les gendarmes de passer. Les trente et une femmes Juives étaient dans leur baraque, fenêtres fermées, portes fermées. À l'intérieur, deux d'entre elles s'étaient mutilées en espérant ainsi ne pas partir. Plus de cent femmes devant qui se tenaient par les bras comme une chaîne.

Pendant trois heures, elles ont tenu bon.

Mais les gendarmes tirailleurs ont fait sauter la digue. Ils ont tiré les filles par les cheveux. Leur tête a tapé sur les marches. Ils sont entrés dans les baraques. Ils ont fait monter de force les Juives dans le camion.

Parmi elles, deux fillettes : dangereuses pour la Patrie, sans doute.

Les femmes ont regardé le camion disparaître sur la route de Gaillac. Elles sont rentrées dans leurs baraques sans un mot.

Angèle s'allonge sur sa couchette.

Soudain, elle sent qu'elle tombe, qu'elle tombe. Elle est sûre que son cœur va la lâcher. Elle atterrit au fond d'un puits. Angèle se trouve nez-à-nez avec une ogresse. Son ventre est une grotte noire, des wagons sur des rails la traversent de part en part. Angèle entend ses amies qui l'appellent, elle ne peut plus rien pour elles. Petites brebis juives, elles vont être égorgées, sacrifiées pour honorer l'ogresse. Elle n'en a jamais assez. Il lui en faut des milliers, des millions, la grosse ogresse est affamée.

Angèle pense à ses compagnes très fort, si fort qu'une plante pousse le long des parois du puits. Alors Angèle grimpe, s'accroche aux branches, cale un pied entre deux pierres, attrape un sarment, gagne le rond, les nuages l'appellent, le ciel l'aspire.

Angèle enjambe la margelle. Les brebis tremblent comme des feuilles et ne bêlent presque plus. Bien plus fort, on entend l'ogresse aiguiser son couteau. Les brebis se serrent contre Angèle.

Angèle est une bergère, elle les emmène avec elle par de petits sentiers. La nuit est noire, on entend juste les sabots marteler la terre. Bientôt, Angèle sent qu'elles sont arrivées dans la prairie de ses nuits d'orphelinat. Elle le sent à son pas. Elle vole plus qu'elle ne marche, comme au ralenti. Elle le sent à l'odeur, c'est celle des fleurs !

Alors, Angèle arrête son troupeau : demain, quand il fera jour, elle ira dans la maison de la vieille ratatinée. Elle lui confiera ses amies. Angèle s'endort au milieu de la prairie, au chaud dans les brebis.

Dans son sommeil, elle a senti qu'il faisait froid. Elle s'est réveillée, un grand vide à ses côtés. Il n'y avait plus une seule brebis, les fleurs étaient coupées, il faisait froid et humide comme tout le temps au camp là-bas. Dans le petit jour, on aperçoit le toit des baraques. Dans la baraque n°8, il y a trente et une femmes en moins. Angèle lève les yeux au-dessus d'elle et compte les étoiles jaunes dans le ciel.

Chaya,

Myriam,

Sonia,

Hedwig,

Irène,

Zifra,

Paula,

Grete,

Rebecca,

Jeannette,

Clara,

Marie,

Malvina.

Laboratoire chimique
et pharmaceutique Bayer*

À M. Le Commandant d'Auschwitz

"Nous vous serions reconnaissants, monsieur, de bien vouloir mettre à notre disposition un certain nombre de femmes, en vue d'expériences que nous avons l'intention d'effectuer avec un nouveau narcotique."

"Le prix de 200 marks par femme nous paraît néanmoins exagéré. Nous n'offrons pas plus de 170 marks par tête."

"Nous enregistrons votre accord ; veuillez bien préparer 150 femmes, si possible celles qui sont en meilleure santé."

"Nous avons bien reçu l'envoi de 150 femmes. Bien qu'elles soient en état de dépérissement, nous considérons qu'elles conviennent. Nous vous informerons du cours des expériences."

"Les expériences sont faites, toutes les personnes sont mortes. Nous nous adresserons à vous pour un nouvel envoi."

* Note de l'auteur : Ces extraits de correspondance ont été lus au procès de Nuremberg (in *Les Mannequins nus* de Christian Bernadac).

La vieille ratatinée voit tout de sa maison d'en haut. Elle n'a plus le goût de faire neiger sur les mondes. Ses petits yeux qui rigolent, pleurent sur la terre. Elle pleure tellement qu'elle inonde le charnier où les compagnes d'Angèle ont été jetées.

Elles ont toutes la peau blanche, et un trou rouge sur le côté.

La vieille ratatinée soulève doucement chaque femme, pas plus lourde qu'une plume.

Une à une, elle les prend dans ses bras, elle les allonge dans une châsse en verre, pas plus lourde qu'une plume.

Avant de refermer le couvercle, elle leur caresse le front, elle les embrasse comme une mère, una madre, ein mutti...

Pauvres petits lapins...

Elle les embrasse comme elles-mêmes le faisaient avant la guerre avec leurs petits.

Maintenant les châsses flottent sur la rivière de larmes. Angèle est assise sur la berge, elle les regarde passer.

La vieille ratatinée s'est remise à faire neiger sur les mondes.

"Ça ne pèse rien un flocon, pense Angèle. C'est comme moi, je ne fais pas le poids, c'est comme mes compagnes, pas plus lourdes qu'une plume."

Angèle se met à compter les flocons qui tombent sur la branche d'en face. Il en tombe des centaines et des centaines. La branche tient bon. Soudain quand le dernier flocon est tombé, pas plus lourd qu'une plume pourtant, CRAC, la branche a cédé :

Mais alors, se dit Angèle, peut-être qu'il ne manque plus qu'une seule personne pour que le vieux monde craque...

Angèle s'est mise debout, aussi grande qu'une louve sur ses pattes de derrière.

♥

Je suis Angèle, de l'autre côté
J'arpente les étoiles à longues enjambées
Elles ont tari leurs larmes
Et conduisent mes pieds
Je suis une montagne avec le poing levé (bis)

Angèle n'était pas debout ! Elle était complètement flagada au fond de sa paillasse. Ses copines de la baraque étaient penchées au-dessus d'elle comme de bonnes fées. Angèle était en nage et pourtant, elle tremblait de froid. Ses pieds dépassaient de la couverture :

"C'est bizarre, lui ont dit ses copines, on dirait que t'as grandi pendant la nuit...

C'est quand même pas avec ce qu'on mange depuis le temps qu'on est au camp... !!!"

1943 - Brens – International Palace* 4 étoiles

De l'eau, de l'eau,
vous mettez beaucoup d'eau.
Du sel ? Pas de sel,
ça fait grossir et c'est fatal pour le moral.
Gardez la ligne,
la ligne du Maréchal !

De l'eau, de l'eau,
vous mettez beaucoup d'eau.
Jetez dedans un chou,
un rave ou un rutabaga
Pas les trois, c'est trop gras
Faut que ça reste léger,
c'est plus facile à digérer
Topinambour, rutabaga, rutabaga, topinambour

♥

Mangez doucement à petites lampées,
faut faire durer.
Vas-tu avaler tout rond
ou longtemps mastiquer ?
Faut voir faut voir
comment masquer la faim.
Dévore une main
et garde l'autre pour demain.

De l'eau, de l'eau,
vous mettez beaucoup d'eau.
Du pain, pas de vin !
pas de vin, pas de Boursin !
Topinambour, rutabaga, rutabaga, topinambour
c'est bien, c'est sain,
une cuillerée pour Pétain.

* Note de l'auteur : *International Palace* est une expression utilisée par la presse xénophobe pour signifier que les internés (des hommes en 1939) étaient trop bien traités.

Et pour le commandant du camp ? Une surprise !

En effet, le directeur du camp clamait à qui voulait l'entendre, qu'il était beaucoup plus supérieur d'un pensionnat que garde-chiourme d'un camp de sûreté nationale, et que donc, ce serait bien que ses petites pensionnaires participent à la fête du 1er mai, à laquelle, idée géniale, on associerait la fête des mères ! Les internées, pardon, les pensionnaires chanteraient des berceuses de leur pays. Attention ! Une vingtaine de nationalités ! Lui, il inviterait des personnalités : le maire de Gaillac, d'autres commissaires de camps qui verraient comment ça se passe chez lui, que c'est beaucoup mieux qu'ailleurs question ambiance, la gendarmerie, que des copains, voire quelques représentants de l'armée d'occupation, ça ne peux pas faire de tort...

Alors il a mis le paquet. Un micro ! Une estrade ! Des fleurs ! Des costumes ! Un décor ! Des pogroms, pardon, des programmes...

Ça serait un spectacle formidable !

Sauf que les politiques de la baraque 5, ça les chiffonnait, cette affaire...

Chanter les mères quand certaines n'ont pas vu leurs enfants depuis des années !

Chanter les mères alors que d'autres sont ici avec leurs petits à les voir grelotter et crever de faim ! Ça ne les enchantait pas du tout, du tout...

Alors voilà, elles ont très très bien préparé les chansons, le directeur du pensionnat allait être content, content.

Pour commencer, une berceuse russe.
Fais dodo paupières closes
Dors mon bel enfant
Sur ton lit la lune pose son regard apaisant

(en aparté) Elles chantaient bien, les terroristes ! D'ailleurs, on n'aurait pas dit des terroristes, franchement, on aurait dit des femmes comme les autres.

Un autre groupe s'installe. Ce sont les Espagnoles.
Durme durme hermoso hijico
Durme durme con savor
Cerra tu luz los ojicos
A la scola tu iras
*Y la ley te embesaras**

(Dors avec confiance joli enfant / Ferme à la lumière tes beaux yeux / À l'école tu iras / Plus tard tu devras apprendre la loi)

(en aparté) Le commissaire observait ses invités. Il était rouge de plaisir, il n'en pouvait plus de contentement... C'est peut être le moment de faire valoir une petite promotion...

Bravo les Espagnoles ! Un dernier groupe : ce sont les... les...? Berceuses yiddish...

Très joli, le yiddish ! ! ! Allez-y...
A mol iz geven a mayse
Di mayse iz gornit freylekh
Di mayse heybt zikh onet
Mit a jidish meylekh

(Il était une fois un roi et une reine. La reine avait une vigne avec un arbre et dans ses branches un nid d'oiseau. Mais le roi meurt et la reine se désole, les branches cassent et l'oiseau s'envole.)

* Note de l'auteur : Cette berceuse est chantée par Les Dames de chœur dans *Aire de Mujer* (merci à Véronique Futtersack).

À ce moment-là, Angèle a bondi sur la scène, elle a levé le poing et toutes les femmes avec elle ont crié :

"Libérez les mères !
liberad las madres ! befrait die mutter ! ..."

Trois cents femmes qui crient au pied de la tribune officielle,
le commissaire proche de la crise d'apoplexie,

liberad las madres !

le vent qui emmène leurs voix de l'autre côté du Tarn,
les invités déjà engouffrés dans leurs voitures,

befrait die mutter !

les paroles qui s'enfilent dans les rues de Gaillac,
les automobiles qui démarrent en trombe.

liberad las madres !

Les chansons qui ouvrent les portes des maisons pour que les autres mères entendent...

L'estafette bleue était entrée dans le camp. La police avait arrêté six responsables : cinq communistes, une gaulliste. On les a emmenées à la prison d'Albi. Là, elles ont été accusées d'atteinte à la sûreté de l'État et de non respect à la personne de Pétain. Si l'avis de l'avocat général avait été suivi, elles auraient été déportées... Finalement, au bout de dix jours, on les a relâchées, pas dans la nature, on les a ramenées à Brens...

Et vous savez pourquoi ?

Pour faute de preuves !

Faute de preuves, soixante ans plus tard, les gens du voyage étaient toujours dans le jardin d'Angèle. Elle venait les voir de temps en temps. Elle buvait un café avec les femmes. Son mari l'accompagnait des fois, il buvait une bière avec les hommes. Pas n'importe quoi : Trappiste ou Abbaye de Leffes ! Rapport à la religion...

Un jour, la petite Sarah lui a offert un dessin. D'habitude, elle dessinait toujours des maisons avec des jambes. Cette fois-ci, c'était une espèce de bonhomme avec... deux ailes aux pieds.

– Qui c'est celui-là ? a demandé Angèle

– C'est l'ange gardien des gitans ! a répondu Sarah.

Pffftt ! La petite Sarah s'était envolée.

La reine du flash-back était perdue dans ses pensées.

Kali !

Qu'est ce qu'elle était devenue ?

♥

Pâques au tison, Noël au balcon, et Angèle ?

Dans l'étable, avec les Indésirables !

Les gens du voyage ont invité Angèle et son mari, le 25, en fin d'après-midi. D'accord !

Le matin, Angèle a confectionné une tonne d'étouffe-chrétiens dont raffolait Saint-Yves.

Ils sont arrivés, juste avant la nuit. Son pommier était tout décoré : tissus brillants, bouts de guirlande, rubans multicolores... On aurait dit un stand de la Foire du Trône.

– Viens voir, Angèle !

La petite Sarah l'a amenée sous son pommier.

– Ben... Regarde !

Angèle a levé les yeux.

Dans son pommier, il y avait une paire de pantoufles. Dans chaque pantoufle, une jambe.

Une cheville, plutot, parce que très vite, tombait une longue jupe.

Au-dessus de la taille, un châle croisé.

Au-dessus du châle, des cheveux blancs qui dépassaient d'un foulard.

En dessous le foulard, une bouche sans dent, un sourire large comme un croissant.

Kali, la crème des crèmes ! Le petit Jésus en sucre ! Son cadeau de noël !

Pour monter Kali dans le pommier, octogénaire quand-même, ça n'avait pas été une mince affaire ! Mais, pour la redescendre sans dommage...

Fallait pas compter sur Angèle... Elle était devenue blanche comme de la neige, on avait craint la crise cardiaque. Mais non, elle était résistante, Angèle !

Elle s'était fait apporter son pliant pliable et suivait complètement scotchée comme à la télé, l'opération sauvetage-atterrissage de la vieille Kali, sans intervention des pompiers si possible !

Quand Kali avait touché le plancher des vaches, les deux copines s'étaient attrapées par les yeux, par les mains et à leurs langues, elles ont attaché des ailes.

– Tu te rappelles l'infirmerie à Rieucros ?

Il n'y avait que de l'aspirine. Angine : aspirine ! Gastro : aspirine ! J'ai mes anglais : aspirine !

– Tu te souviens du groupe des Pitchounettes ?

Les femmes avaient inventé une association Loi 1901 – DEDANS ! – pour faire comme – DEHORS !

– Et la gardienne de Mende, Andrée, qui nous aimait tellement qu'elle nous avait suivies à Brens !

Ça, Kali ne pouvait pas s'en souvenir. Après son évasion ratée, elle avait été déportée. Cétait la seule survivante de sa famille. Maintenant, elle était sédentarisée. Ses ailes aux pieds s'étaient détachées, mais elle les avait raccrochées dans sa tête. Il y avait une caravane dans son quartier où elle continuait de raconter des histoires. Et puis, quand elle regardait ses petits enfants jouer, elle se disait : “Peut-être qu'ils reprendront la route, plus tard !”

Ce soir-là, Angèle et son mari sont restés autour du pommier. Les hommes ont sorti les violons, la petite Sarah a dansé. Et les deux copines ? Elles ont enfilé chacune une pantoufle...

L'autre nuit, j'ai rêvé d'Angèle.

Elle était ridée comme une pomme toute ratatinée. Elle avait quitté son HLM, elle habitait une maison dans une pâture de fleurs.

Dans mon rêve, Angèle marchait, ou plutôt elle rebondissait à chaque pas, comme au ralenti. Elle se promenait parmi les fleurs.

De temps en temps, elle ramassait quelque chose, c'étaient des os. Elle n'était pas pressée ...

Il fallait qu'elle les retrouve tous, du premier jusqu'au dernier. Alors elle les posait par terre comme un puzzle. Et puis elle se mettait à chanter.

Je suis Angèle la bien-nommée
Je ramasse les os le long du Rieucros
Je décolle je m'envole je lèche la voie lactée
Je suis Angèle la bien-nommée.

Alors, la chair revenait sur le squelette, et puis la peau de poils, et une louve se mettait debout. Elle léchait le visage d'Angèle qui rigolait, qui tombait en arrière.

Dans mon rêve, Angèle chantait toujours. Elle chantait tout ce qu'elle savait. Elle savait tellement de choses, Angèle...

C'était comme une rivière,
Une rivière qui charrie,
Le charivari de sa vie,
Pleine de bruits de peaux,
De peaux des rêves,
De rêves d'ailes,
D'ailes brûlées,
Recollées bien plus costaud
Pour voler haut jusqu'au ciel
Et retomber sur ses pieds,
Pile poil,
Au cœur de son chant.

♥

Maintenant, la louve était arrivée en bas de la pâture, elle traversait en nageant le Rieucros.

La vielle Angèle avait fermé les yeux, son visage était devenu la lune. Ses rayons caressent la louve qui nage.

Sur la rive, de l'autre côté, la louve s'ébroue... C'est une femme, bien en chair, qui se met debout, éclate de rire, et s'en va habiter la mémoire du monde.

Les Bébés au Camp de Brens
à gauche la petite fille
s'appelait Gloria.

en 1941 à Rieucros la
tenue d'hiver des Internées
au centre Angelita et
Pauline Marty.

Angelita au Camp de Brens
en 1942

Employées du Mett à Riaucrol
en 41-42 : le regard
affectueux de Pauline...

1 groupe d'Espagnoles à
Rieucros en bas Mme Tutulaus
Angelita et Paquita Tutusaus

Les politiques Françaises à Brens en 1942 : au centre Mimi Bonnet : fils mort de tuberculose à la Centrale de Riom et Renée Chauvet : fils fusillé à la centrale d'Eysses en 1943

ci-contre

Les politiques Françaises en bas au centre Michèle Domenech qui perdit la vue lors d'une manifestation contre la guerre du Viêtnam.

Les enfants Espagnols à Brens en 1942 ; internés avec leurs mères depuis 1939. En 1943 on les envoya au Camp de Douadic

Entretien entre

Gigi Bigot et Nathaël Moreau

♥

Maison de l'éclusière à Redon.

Gigi Bigot : Ba, ti, so, to, to, ba, ba, té, trou, ba, so, flotte, pluie, orage, grelon.

Nathaël Moreau : Bien, ça fonctionne, le micro est branché et l'enregistreur enregistre. Gigi Bigot, Nathaël Moreau, nous sommes à Redon, dans l'ancienne maison de l'éclusière sur le bord de la Vilaine où somnolent quelques péniches et bateaux de plaisance.

Gigi, hors micro, tu te demandais comment parler de toi et qui tu étais ?

G. B. : C'est difficile de se présenter. J'aimerais trouver la solution pour établir un arbre généalogique de ceux qui m'ont construite. Pas seulement ma famille, mais comment les gens, les rencontres, m'ont amenée là où je suis.
Comme le conte : qu'est-ce qui m'a amenée au conte ?

N. M. : Avant le conte, il était une fois... au siècle passé, une petite fille. D'où vient-elle, qui est-elle ? Comment a-t-elle grandi ?

G. B. : Je suis d'une famille rurale bretonne. Mes parents étaient les seuls de leurs fratries respectives à vivre en ville, mis à part une tante mariée à un gendarme qui elle, est partie dans les colonies ! Tous les autres frères et sœurs étaient des paysans. Mes spectacles sont nourris de mon histoire et de mon milieu. La mère de mon père est morte quand il avait deux ans et son jeune frère, qui avait dix ans d'écart avec lui, a repris la ferme. Une petite ferme en location où deux familles ne pouvaient pas vivre. Mon père a travaillé de l'âge de onze ans jusqu'à l'âge de vingt-sept ans dans la ferme de ses parents sans toucher un kopeck. Ensuite il a été prié de partir en ville pour chercher du boulot.
Il s'est installé avec ma mère en 1948 à Rennes. Mon père était manœuvre dans le bâtiment et ma mère a pris un bistrot. Puis mon frère est né. Quand ma mère a été enceinte de moi, le bistrot s'est trouvé à vendre, mais ils n'avaient pas de sous pour l'acheter. Ils ont été contraints de le quitter pour une... cave où je suis née et que nous avons habitée jusqu'à mes deux ans. Mon père, de manœuvre est devenu plâtrier, puis contre-maître, chef de chantier et il a monté sa propre entreprise de travaux du bâtiment quand j'avais quinze ans.

J'ai donc vécu en ville. Mais je passais beaucoup de temps chez ma marraine qui était restée à la ferme. J'ai toujours gardé un étroit rapport avec la campagne et la famille. Une famille rurale très gaie. L'humour venait des hommes ; les femmes, c'était plus le papo-

tage et l'intendance. On chantait et on dansait beaucoup. Il y avait deux accordéonistes dans la famille, mon père et un oncle.
À douze, treize ans, avec ma cousine Huguette, on préférait aller du côté des gars, (*prononcer gâh*) les regarder jouer aux palets, ils étaient plus drôles. Les femmes étaient à la vaisselle et jour de fête ou non, devaient traire les vaches en fin d'après midi. Elles papotaient sur les voisins, la vie locale, la vie avec un grand V de façon très pragmatique, sans décalage.
Nous, on restait avec les *bounhoummes* parce qu'ils nous faisaient rigoler. Il y avait à la fois le jeu et le désir de gagner mais surtout toute la conversation qui s'y rapportait. C'était à qui sortirait les plus grosses blagues ! Encore aujourd'hui ce serait un travail super pour un sociologue d'enregistrer ces propos en marge du jeu toujours à double sens comme si c'était la vie et les rapports sociaux des joueurs qui se jouaient dans l'instant.

Qu'est-ce que je peux dire de plus sur mon enfance ? La religion a été un truc très important dans ma famille surtout du côté de ma mère. Je suis allée, de l'âge de six ans à dix-huit ans, à l'école libre évidemment, pas à l'école "du diable" !
Mon père était plutôt laïc. Son père n'était pas propriétaire de sa ferme et travaillait pour un noble. Les enfants étaient obligés d'aller à l'école libre. Mon père était d'un autre lit. Il n'a été que trois ans à l'école mais selon le vœu de son père, dans un autre village que le sien pour pouvoir fréquenter la *laïque*. Il n'a pas été élevé par son père et sa belle mère. Heureusement car sa belle-mère a été pour lui une vraie marâtre. L'histoire de sa vie m'a beaucoup inspirée dans mes contes. En même temps c'est fou de

voir combien les gens ont du ressort, quel que soit leur vécu. Mon père c'est un gars drôle, très vivant, qui n'a aucun ressentiment envers quiconque, ni aucune situation. Pourtant il a vécu des trucs très durs que je ne vais pas raconter ici, parce que je les raconte dans *C'est drôle la vie*.

La religion pour moi, c'était clair, net, précis parce que c'était impensable de ne pas en faire partie. Le monde pour moi enfant n'existait pas en dehors. Comme la famille était plutôt bonne vivante, je n'ai pas l'impression d'avoir souffert du poids de la chape imposée par la religion.
Quand je me suis arrêtée, ça n'a absolument pas été douloureux non plus. À dix-huit ans, je travaillais en tant qu'éducatrice. Il fallait emmener les gamins de l'assistance publique à la messe. Je les emmenais à la messe puisqu'il fallait les emmener, mais je me suis rendue compte que les autres éducateurs les déposaient à l'église et eux allaient au bistrot. J'ai dit : "Ah... Je vais donc aller au bistrot moi aussi", et j'ai arrêté la religion comme ça. Je n'ai pas eu de problème existentiel dans ma tête.

C'est curieux, dès que je ne suis plus allée à la messe, ça a été ter-mi-né et sans problème. Tu as des gens qui passent par le doute, surtout quand ils sont adolescents, moi pas du tout. Tout allait très bien. Je trouvais très sympathique l'église, la confesse, mais voilà, ça c'est fait comme ça. Je prends plutôt le bon côté des choses.
Les religions m'intéressent pour leur philosophie et ce qu'elles donnent à notre imaginaire. Je déteste tout ce qui est intégrisme. Je suis attirée par les légendes de création du monde. Il y en a dans *La Bible* aussi. Je

trouve ça vraiment intéressant. Jusqu'à *Peau d'âme*, je me suis beaucoup positionnée dans mes contes par rapport aux religions.
Un article de presse dit même que c'est mon fond de commerce ! (*Rires*).
La première fois que j'ai vu *Mystero Bouffo* de Dario Fo, j'avais vingt-quatre ans peut-être, ça m'a épatée ! Quand j'ai vu la version de la Pentecôte de Dario Fo, j'ai été renversée. Au catéchisme, on nous a appris que c'est la petite lumière qui descend sur la tête des apôtres et leur donne le pouvoir de parler de Dieu en toutes les langues. Mais quand Dario Fo, dit que la Pentecôte, c'est parler pour ne plus accepter aucune situation d'injustice, là ça me parle autrement. J'ai tellement été élevée dans la religion, bien que je n'en fasse plus partie, ça reste une référence.
En ce moment, par la sophrologie, je m'intéresse au zen. Henry Brunel a réécrit les contes zen d'une manière plus compréhensible et plus accessible pour des gens de notre culture. Je les lis et ils m'ouvrent aussi au bouddhisme et je trouve cela intéressant dans cette tentative d'essayer de vivre mieux, de trouver un sens, une direction, une raison d'être.

Ce que je trouve génial dans la vie, c'est vraiment comment on avance. On ne saura jamais pourquoi on est sur terre. Ce dont je suis sûre, c'est que pour moi-même, simplement pour moi-même, tout sert à quelque chose dans mon chemin. Tous les jours je me construis et tous les jours j'ai à comprendre, à accepter des événements, des faits, à les intégrer à ma route. Je trouve cela passionnant. Autant avec le malheur qu'avec le bonheur. Je préfère être dans le bonheur. Mais ce que l'on vit de difficile est toujours une lecture pour soi. J'adore que des gens me racontent

leur parcours. J'aime l'idée de pouvoir changer de vie, de ne rien banaliser.
Après avoir été éducatrice, j'ai été institutrice. Je n'ai pratiquement jamais été enseignante dans le circuit normal, au grand désespoir de ma mère. Mes parents étaient des petites gens et ils n'ont pas pu faire d'études. Mon père a été trois ans à l'école et l'instituteur est venu dans la ferme de ses parents pour qu'il fasse l'École normale. Ses parents ont refusé (voir *C'est drôle la vie*). De ce fait pour mes parents, il fallait absolument que leurs enfants fassent des études. Nous avons tous les trois passé le Bac. J'ai quand même fait l'école normale et ma sœur aussi. Mais le côté "normal" ne m'intéressait pas. Au grand dam de ma mère qui ne comprenait pas que j'aille travailler à vingt-cinq kilomètres d'ici en voiture avec des "fous", alors que j'aurais pu aller à vélo dans l'école du quartier ! Ça la tuait complètement ça.
J'ai travaillé dix ans dans un endroit qui m'a façonnée pour le restant de mes jours. Il s'agit d'une école expérimentale sur le mode de celle de Bonneuil fondée précédemment par Maud Mannoni, Yves et Rose-Marie Guérin. Ces deux derniers ont ensuite créé le centre de Guénouvry à vingt-cinq kilomètres de Redon. Il s'agissait de psychothérapie institutionnelle où la circulation et l'engagement de la parole étaient fondamentaux. C'était démocratique ! La directrice n'avait pas plus de pouvoir que la cuisinière ou le psychiatre. Avec les enfants on travaillait en autogestion également. C'est quelque chose que je trouve essentiel : que ce soit un bébé, quelqu'un en prison, un malade, un handicapé, un vieux, comment faire pour que chaque personne ait le plus possible la maîtrise de sa vie ? Comment peut-elle être concernée par ce qui lui arrive ?

Quand j'étais institutrice, c'était différent de maintenant que je suis conteuse. J'ai moins à faire à des groupes de gens. Mais j'aime ponctuellement travailler avec des populations en difficulté. Je travaille avec ATD quart-monde régulièrement. En janvier 2004, je vais rencontrer des femmes du voyage par le biais de mon spectacle *Peau d'âme*.

C'est souvent ce qui va mal, ce qui est différent qui nous fait avancer. Quand des gosses vont bien, tu n'as pas besoin de changer la pédagogie. Freinet a fait une pédagogie différente pour des gosses qui justement n'étaient pas bien dans la classe. Ce sont ceux-là qui nous font inventer autre chose que l'ordinaire. Ça nous oblige à créer. Il y a des gamins qui peuvent continuer à apprendre comme on le faisait du temps de mon père. Cinquante gamins dans la classe, un instit' très magistral. Mais tu as des gamins qui n'y arrivent pas. Eux m'intéressent parce qu'ils m'obligent à inventer et à approfondir l'enseignement, l'acte d'éduquer, à mettre en place des lois pour vivre ensemble.

C'est dans cette école différente qu'on m'a demandé de m'occuper d'un atelier contes. J'ai pu aborder une question majeure pour moi, celle du rêve, de l'imaginaire et de la réalité. Pour les psychotiques, c'est la confusion totale entre leur perception du vrai et de l'imaginaire, entre eux-mêmes et l'autre. Ça me passionne. Du coup je suis devenue une militante du droit au rêve mais aussi de ne pas se mentir sur la vie. J'aimerais, quand j'aurai plus de temps, quand je raconterai moins, j'aimerais faire une recherche sur ce sujet.

Pour moi la religion fait partie de l'imaginaire qu'on propose aux sociétés, au même titre que les cultures traditionnelles, les légendes, les contes. Sauf qu'on ne coupera jamais la tête à quelqu'un pour un conte !

L'éducation m'intéresse. Un goût pour la question : comment grandit un enfant ? Comment ça pousse ? Comment lui donner de la force, le goût de la vie ? Comment est-ce que je peux aujourd'hui, avec le conte susciter de l'appétit et faire une place à l'indicible ?

N. M. : Si j'entends bien, ce sont les laissés pour compte qui t'ont amenée au conte ?

G. B. : Oui on peut le dire comme ça ; c'est beau, oui, les "laissés pour contes". C'est à Guénouvry que j'ai d'abord raconté. On ne pouvait pas parler de prestation comme on peut le faire pour un spectacle, parce que les séances étaient quand même très perturbées. Mais ça a beaucoup influencé tout mon chemin autour du conte. À Guénouvry, c'était un atelier thérapeutique. Comment le conte pouvait se situer absolument en parallèle avec la réalité de la vie ?
À Guénouvry, les gamins faisaient la vaisselle ; il y avait des poules, un jardin, des chevaux, des moutons. La question, c'était comment les ancrer dans la vie le plus possible ? Comment leur apprendre que ce que chacun fait a des répercussions ? Comment pourraient-ils maîtriser leur vie ? Ils n'étaient pas les rois non plus. Ce n'est pas en étant le roi que tu as du pouvoir. Être le roi, c'est faux, ça ne se peut pas, tu n'es jamais le roi. Les psychotiques ne sont pas dans la réalité et donc ils n'ont pas de pouvoir sur leur vie.
À côté de ce quotidien éducatif en prise avec le réel, il y avait l'atelier conte où l'on partait dans des choses inouïes parce que pour moi les contes, c'est du domaine du sans limite. La réalité n'existe plus. Dans un conte, tu peux décapiter une poule et lui

faire repousser son cou deux secondes après. Réel et imaginaire étaient mis en parallèle.
Quand on arrivait à l'atelier conte, il y avait tout un rituel de mise en condition pour que les gamins entendent, avec leur problématique individuelle, que si je parlais de dévoration, il s'agissait d'une histoire. Ce n'était pas grave : il n'allait rien se passer de réel, ils étaient en sécurité.
Par contre, quand ils sortaient de l'atelier, s'ils se mordaient ou s'ils mordaient le voisin, ce n'était plus une histoire, c'était la vie et ils n'en avaient pas le droit. Tout est possible en rêve. Par contre dès qu'on est dans la réalité, on est avec l'autre et il y a des lois qui sont celles de la société. Ce travail, ces réflexions m'ont complètement influencée dans mon rapport aux contes.

N. M. : Comment et quand as-tu décidé de devenir conteuse ?

G. B. : C'est d'abord parce que je me suis tellement régalée à conter avec les psychotiques. Alors dans la même période, puisque je cherchais des contes pour eux, chaque semaine, je racontais ces mêmes contes à l'école de ma fille qui avait six ans. Après tout se sait vite dans les petites villes et l'on m'a demandé de conter à la bibliothèque de Redon. J'ai commencé comme ça. En 1986, j'ai rencontré Pépito Matéo. Lui était déjà conteur professionnel.
Quand je le voyais, partir à droite et à gauche en tournée, chargé comme un baudet, ça ne m'intéressait pas du tout de vivre la même chose. Ce qui m'intéressait, c'était de raconter aux mêmes enfants chaque semaine. J'étais dans une démarche plutôt traditionnelle. Il fallait

que je trouve de nouveaux contes toutes les semaines. Bonne école !
En 1990, j'ai pris un travail à mi-temps pour commencer à conter par ci par là et en 1992 je me suis entièrement consacrée à conter. C'est vraiment par gourmandise que je suis devenue conteuse.

N. M. : Dans quels univers cherchais-tu tes contes ?

G. B. : Je cherchais dans les livres de toutes les cultures du monde. J'adore les contes kabyles, sans doute parce que je connais l'Algérie, aussi les contes d'Amérique du Nord parce que les Indiens ont un rapport à la nature fantastique. Je piochais dans les contes de France, d'Europe et de Russie, les contes merveilleux. J'ai beaucoup aimé les contes de Luda Schnizer. Voilà les contes que je racontais aux gamins.
D'ailleurs depuis que je conte, je rêve que je dois aller en Russie et je n'y arrive jamais. C'est toujours soit l'avion qui tombe en panne, soit je n'ai pas la bonne valise. C'est un rêve récurrent. Je pense que c'est parce que dans "Russie" il y a "réussi". Et dans le conte, il faut réussir. Je pense que c'est pour ça tout bêtement.

N. M. : Ça ? C'est-à-dire ?

G. B. : Quand tu es conteuse, tu défends ton nom. Je pense que c'est pour ça que j'ai ce rêve. C'est un rêve d'angoisse. Angoisse de ne pas réussir, ce que je n'avais pas avant puisque j'étais institutrice.

N. M. : Réussir, c'est quoi pour toi, conteuse ?

G. B. : C'est savoir ce que j'ai à dire et trouver une forme pour le faire. Réussir pour moi c'est un défi quasi permanent. C'est une pression différente de celle que tu as quand tu es enseignant. Ton ego est bien plus sollicité, éprouvé, malmené, rassuré et ce n'est pas de la tarte !

N. M. : C'était quoi, être conteuse en 1992 ?

G. B. : C'était mon spectacle en patois gallo. Le premier spectacle qui a porté un nom c'était *Histouères du bout du charra*. C'est curieux, il a fallu que je passe par ce patois pour trouver vraiment ma façon de dire. J'ai appris depuis que Dario Fo conseillait à ses comédiens de passer par leur dialecte ! Avant ce passage, je n'écrivais ni ne réécrivais jamais un conte. Je ne faisais pas d'apport personnel. Mais pour *Histouères du bout du charra*, j'ai écrit en patois.

N. M. : Patois que tu parles couramment ?

G. B. : Ma génération ne le parle pas. Mais tous mes oncles et tantes le pratiquent. Ma première histoire en patois, je l'ai faite pour un mariage. Je chantais dans les repas de famille. On avait chacun son répertoire. Par exemple ma grand-mère, c'était toujours "*Riquita, jolie fleur de java*", ma marraine c'était toujours une chanson triste d'amour qui faisait : "*y'a pas d'printemps le long d'ma viiieee*" et on avait chacun nos trucs comme ça. Arrivée vers vingt ans, j'ai raconté des blagues en patois où je mettais en scène les

membres de ma famille. C'est curieux ça, je ne sais pas pourquoi. Et quand mon cousin Thierry s'est marié, j'ai raconté le conte "du mari maladroit" en patois comme je le faisais avec les blagues. Ce conte est devenu "l'histoire de tonton Robert" qui a eu un grand succès ce jour-là. Après, je l'ai raconté à Chevilly-Larue et j'ai remporté la Bogue de Redon avec cette histoire en 89 et je la raconte encore !
À partir de cette époque, j'ai vraiment trouvé ma façon de dire. Mais il a fallu que je passe par le patois. Maintenant ce ne serait plus juste pour moi. Par exemple conter *Peau d'âme* en patois, ça n'aurait pas de sens.

N. M. : Est-ce qu'il n'y avait pas le risque d'être cataloguée "conteuse patoisante" ?

G. B. : Bien sûr ! Ici, dans la région, mes contes en patois ont été très bien reçus. Des gens auraient voulu que je sois la "*contouse*". Pour moi, c'était hors de question parce que je ne parle pas le patois au quotidien, ce n'est pas ma langue. Je suis aussi nourrie de tellement d'autres choses que de la nourriture d'enfance. Il y a tout mon chemin après, mes choix artistiques, mes rencontres.
Quand j'ai cessé de conter en patois, des gens n'ont pas apprécié. Ça m'a troublé pendant un moment. Mais je n'avais pas le choix. Je ne pouvais qu'assumer de déplaire à une partie des gens.
Dans *C'est drôle la vie*, c'est toujours la Bretagne, avec l'histoire de mon père romancée. Ce n'est pas en patois bien qu'il y ait de petites intonations, surtout dans les dialogues où je retrouve facilement la musique :
"*Oh ! Ben quand mêêême !*"
J'adore, je me régale.

Avant *C'est drôle la vie*, j'avais fait un spectacle complètement différent qui s'intitulait *Jan des merveilles*. C'était plus littéraire et onirique.
C'est vraiment difficile de dire comment je travaille. Au début je faisais histoire par histoire, l'une après l'autre. Puis j'ai fabriqué une histoire avec des évènements de mon enfance et de ressentis personnels. En fait je prenais une structure de conte que je nourrissais d'apports extérieurs comme pour *Histoires sous le pommier*, ou même *Jan des merveilles* issu de ma lecture d'un roman de Selma Lagerlöf. La structure y était même si j'ai mis la fin au début. Pour ce spectacle j'ai rencontré l'écrivain Philippe Raulet*.
C'est drôle la vie est beaucoup plus tricoté. Il y a un tas de petits contes qui s'imbriquent les uns dans les autres. Ce sont deux grandes histoires apparemment sans lien qui se télescopent à la fin. Alors les gens qui connaissent bien les contes, y retrouvent des structures de contes traditionnels. Mais je me suis accordée une plus grande liberté et j'ai écrit à partir de tout ce que je gobe. Ce peut être un conte, un fait réel mais aussi des phrases entendues ici où là.
Par exemple, l'autre fois j'était en train de boire un verre avec mon père au bistrot, et il y a une dame qui entre. Elle vient lui dire bonjour : "*Oh, ben, Maurice, vous avez vu l'temps qui fait encore à matin ? On voye ben qui paient pas l'eau là-haut, sinon y f'raient comme nous, y z'économis'raient !*" Moi j'ai trouvé ça tellement super que je l'ai mis dans *C'est drôle la vie*.
Dans *Peau d'âme*, c'est un mélange de la personnalité d'Angelita Bettini, de ce que j'ai lu historiquement sur ce camp de femmes, de mon regard sur l'ensemble et des rencontres que j'ai faites pour ce projet.

* Philippe Raulet écrivain travaille fréquement avec des conteurs à la recherche d'écriture orale.

N. M. : Peau d'âme *c'est le spectacle qui vient après* C'est drôle la vie *?*

G. B. : Oui. Entre temps, j'ai fait un spectacle pour enfants *Lulla dans la lune*. Et *Peau d'âme* en 2003. Mais c'est autre chose *Peau d'âme* !

N. M. : C'est ton premier spectacle de cette envergure, de cette intensité ?

G.B. : Ah, oui ! De m'atteler à un sujet qui a à voir avec l'Histoire c'est quelque chose ! Également sur le plan de la forme. En choisissant de travailler avec Michèle Buirette, je savais qu'on allait partager la parole. Moi j'avais envie de danser, j'avais envie de chanter. Ça tombait bien, puisque Michèle m'a demandé d'écrire des chansons.
Avant *Peau d'âme, il* y a eu *Ainsi soient-elles* un spectacle sur les femmes et la religion, avec cinq conteuses. Ce spectacle m'a apporté quand à l'utilisation d'une scène de théâtre parce qu'on ne le jouait que sur des grands plateaux. On dansait. Il y avait Mimi Barthélemy, Bernadette Bidaude, Carole Gonsolin, Michèle Bouhet, Lorette Andersen et moi.
Dans *C'est drôle la vie* j'ai commencé à comprendre la nécessité d'une mise en scène et de la pertinence d'une création-lumière (chose que je n'avais pas intégrée au moment de *Jan des Merveilles*) mais c'est très différent de ce que j'ai fait après.
Ce que j'ai adoré dans *Peau d'âme* c'est que la metteuse en scène, Martine Dupé, une clown qui vient de l'école Jacques Lecocq, nous a vraiment emmenées sur le terrain de toujours se justifier sur le plateau, l'une par rapport à l'autre.

Quand Michèle entre avec sa chaise dans l'histoire de la crèche, elle arrive comme une bigote qui s'occupe de l'école privée. Quand elle repart avec sa chaise elle devient Angèle qui marche sans faire de bruit pour ne pas réveiller son mari.
Moi j'ai découvert ça, parce que je n'avais jamais travaillé de cette façon. Je l'avais juste touché du doigt dans *Ainsi soient-elles*.
Maintenant, je pars du principe que si les conteurs veulent utiliser un plateau de huit mètres sur six, il faut qu'ils soient en adéquation avec ce plateau. Dans *C'est drôle la vie*, il y a un moment où je raconte la mort d'une petite fille. La musique, la lumière me portent et accompagnent aussi le public ; tout fait sens. C'est pour ça que j'aime avancer dans ce métier. Si les choses arrivent, il faut qu'elles aient du sens et si je suis capable de les intégrer, c'est qu'elles en ont pour moi. Voilà.
À l'étape où j'en étais, c'était juste de travailler comme je l'ai fait avec Martine Dupé pour *Peau d'âme*.
Par exemple, mes déplacements existent par rapport à Michèle, par rapport au personnage d'Angèle. Mon écriture le permettait et l'induisait. C'étaient les bonnes personnes au bon moment. Je suis vraiment contente de tout ce que j'ai appris en faisant ce spectacle. Ensuite la proposition de Cécile Le Baudonnec en création lumière intégrait et prolongeait le travail déjà fait à trois.

N. M. : Parlons-en. Peau d'âme, *quel titre !*

G. B. : Je vais te dire pourquoi. J'avais lu un article dans le journal *Libération* sur le football. Le journaliste avait titré : “Pau d’âne” parce qu’il s’agissait d’un match à Pau. J’ai trouvé ça amusant et j’ai tout de suite pensé *Peau d’âme* comme titre pour mon spectacle. Il n’était pas encore écrit, il était dans ma tête, mais j’étais sûre de son titre. Je voulais absolument qu’il y ait un lien avec le conte merveilleux. Ce n’était pas celui de Peau d’âne, c’était celui de Blanche neige. Mais au début je ne le savais pas. Je savais seulement que je voulais travailler les contes merveilleux et l’enfermement dans la vie.

À force de lire des contes, de les entendre, je me disais que ce n’était pas possible que ces contes aient pu exister dans toutes les cultures sans qu’il y ait une conscience aiguë de l’enfermement qu’on vit sur terre, ne serait-ce que dans le temps puisqu’on sait qu’on va mourir. Après nous sommes enfermés dans la géographie, dans l’espace, dans le réel.

Il y a eu d’abord cette idée. Et je me suis dit : “bon je vais travailler conte merveilleux et enfermement”. Pour l’enfermement j’avais pensé la folie, évidemment. Mais *Jan des merveilles* c’était déjà la folie. Le roman de Selma Lagerlöf *L’Empereur du Portugal* raconte l’histoire d’un homme qui devient fou pour ne pas souffrir. Moi je trouve ça tellement humain la folie !

Donc j’avais pensé enfermement-bourgeoisie, celui des femmes qui sont engoncées dans “femme de”, femme de notable, femme de médecin, et qui ne peuvent pas être elles-mêmes, qui végètent dans un rôle. Après j’avais pensé à l’anorexie, la misère, être enfermé dans quelque chose de douloureux et “prison”.

Un jour, je suis tombée sur le livre de Mechtild Gilzmer *Camp de femmes*. Ce livre m’a épatée dans ce que les femmes retenues contre leur gré dans ce camp ont mis en place au niveau culturel, intellectuel,

occupationnel, souvent à l'initiative des Allemandes antinazies.
Elles ont fait entre autre du théâtre et j'ai lu qu'elles avaient joué *Blanche-neige*. Quel cadeau ! Lire que des femmes enfermées utilisent un conte merveilleux alors que moi, intellectuellement je veux travailler sur ce thème je cherche une piste !
J'ai décidé de partir de cette situation dans un camp de femmes, prisonnières en France de 1939 à 1945.
Je n'ai jamais douté du titre *Peau d'âme*. C'est comme si mon spectacle donnait une seconde peau à ces femmes, à leur âme, puisque ce qui reste c'est la mémoire, le souvenir, la tendresse comme un manteau.
J'ai vu également un film vidéo réalisé il y a douze ou treize ans, qui m'a beaucoup parlé. Ce sont les témoignages de ces femmes, interviewées par Rolande Tempé de l'université de Toulouse, qui ont été internées dans ce camp. Sur le film, elles ont environ soixante-dix ans. Elles sont permanentées, mises en plis, et ce n'est pas écrit sur leur front "j'ai été une héroïne".
Elles m'ont touchée ces petites bonnes femmes ! Certaines intellectuelles, mais d'autres non, comme Angelita. C'est la vidéo qui a été le deuxième déclencheur.

N. M. : Tu avais déjà été sensibilisée par cette période de l'histoire en France ?

G. B. : Oui. La période de la résistance c'est quand même la génération de mes parents. Mon père s'est caché pour ne pas être envoyé au STO. C'était "la dernière guerre". Des familles ont été déchirées. Dans la même famille il pouvait y avoir un collaborateur et un résistant.

N. M. : Avant de lire ce livre, tu avais déjà connaissance de ces camps d'internement de femmes en France ?

G. B. : Non. Qui le sait ? On savait qu'il y avait des camps d'hommes, Vernet, c'est connu. Mais des camps de femmes non, je n'en avais pas connaissance. C'est d'ailleurs le seul camp de femmes.
C'est ce livre de Mechtild Gilzmer qui l'a d'abord fait connaître puis les écrits de l'écrivain Michel del Castillo. Il a été dans ce camp avec sa mère, républicaine espagnole avant d'être lui-même déporté. Ensuite de retour de déportation, personne ne l'a recherché ni son père ni sa mère... On ne peut que devenir fou ou écrivain face à ça. Quand Michel del Castillo parle de l'écriture, c'est précieux, essentiel et vivant. Il faut lire sa préface de *Tanguy* !
Je suis en train de découvrir son dernier livre *Les Portes du sang* où il cite souvent Rieucros et le livre de Mechtild Gilzmer.
Il y avait des peintres, des artistes et beaucoup d'intellectuelles dans ce camp.
Avec Michèle Buirette, nous avons mis en chanson un poème écrit par ces femmes.

N. M. : Donc vient la lecture de ce livre de Mechtild Gilzmer, le titre surgit de celui d'un article dans Libération *; le spectacle commence à se construire dans ta tête, et...*

G. B. : D'abord, je suis allée en vacances à Mende à la fin de l'été 2001. Aux archives départementales, j'ai trouvé quelques documents. Je suis allée sur le site du camp, j'ai ramassé des objets : un phare de vélo, un bout de barbelé, une serrure rouillée, un morceau de

lavabo... J'en ai fait mon petit musée. J'ai pris des photos. Je me suis assise là où ces femmes s'étaient assises, j'ai marché où elles avaient marché et j'ai ouvert mon robinet de l'imaginaire.
J'ai énormément lu. Je me nourris de lectures. Dans ma chambre, j'ai tout un rayonnage des écrits qui m'ont servie à construire ce spectacle. Parfois je ne retiens que trois lignes dans un livre, ou juste une idée.
Il se trouve que j'ai raconté à Brens par hasard, là où le camp de ces femmes a été transféré en 1942. Des gens de "l'association pour perpétuer le souvenir des camps de Rieucros et de Brens" sont venus écouter mon spectacle *C'est drôle la vie* le soir-même.
Deux jours après je recevais des lettres d'internées et surtout les coordonnées d'Angelita Bettini. C'était en octobre 2001.
En février 2002, j'ai rencontré Angelita. La rencontre en elle-même était sympathique mais Angelita ne comprenait pas bien ce que je voulais faire.
C'est difficile quand tu interviewes quelqu'un sur son histoire mêlée à l'Histoire. Moi, ce qui m'intéressait chez Angelita, c'était surtout comment elle avait vécu les événements. Mais les rescapées ne savent pas le dire parce qu'elles sont habituées à parler de l'Histoire plus que d'elles-mêmes. Elles veulent dire les évènements historiques.
J'ai donc interviewé Angelita, en essayant de la ramener vers mon sujet. Ce qui a été intéressant c'est la relation que j'ai eue ensuite avec elle. Je la maintenais au courant de l'évolution du projet. Petit à petit, la relation s'est transformée en compagnonnage.
Par exemple, un jour je l'appelle et je lui dit : "Angelita, dans mon spectacle, je vous ai mise à regarder des étoiles, parce que vous pensez à vos compagnes juives qui ont été emmenées".

Elle me répond : “Mais Gigi, je le fais ça de mon balcon, pour mon fils qui est mort”.
Il y a eu un accompagnement comme ça sans cesse, un partage qui se poursuit aujourd'hui. Une vraie richesse pour moi, très humaine.
Je suis retournée à Mende en résidence cette fois. Grâce à Marie Huguet, directrice des Foyers ruraux partante dès le début du projet et qui a coproduit le spectacle en entraînant les Scènes Croisées dans l'aventure. Je me suis rendu compte que mon projet ne laissait pas indifférents les habitants. Soixante ans, ce n'est pas si loin. J'ai eu trop tard les articles de presse de cette époque pour les inscrire dans le spectacle. Certains sont d'un racisme incroyable. Ces femmes étaient considérées comme des voyouses, des délinquantes, des femmes de mauvaise vie. Or leur seul tort était d'être militantes antinazies, républicaines, juives ou gitanes.
Dans la ville, Michèle et moi avons eu des échanges très riches par exemple avec Mado Deshours, directrice de l'école annexe qu'elle vient de baptiser école Michel del Castillo. De plus, un comité de pilotage est né entre nos deux résidences, celle-là et celle de février et un site Internet sur le camp s'est ouvert.
C'est l'aventure de ma vie de conteuse et de ma vie de femme aussi. Au niveau de mon métier je n'ai jamais vécu ça. C'est riche au niveau du thème, c'est riche au niveau artistique parce que j'ai pu travailler autrement et c'est riche au niveau humain, mais alors, à un point !

N. M. : Dès l'origine vous avez travaillé ensemble Michèle et toi ?

G. B. : En juillet, nous avons pique-niqué ensemble au bord de la mer parce que j'étais en train d'écrire le

spectacle à Brest chez mon amie Paula Fourdeux, et Michèle était en vacances dans le coin. On s'est rencontrées sur une plage et je lui ai donné quelques textes à lire. En août, elle est venue quatre jours chez moi, à Redon. Nous avons commencé à chercher des musiques et notre première résidence à Mende était en septembre. Là nous avons affiné musique et paroles. En février, deuxième résidence en Lozère, pour la mise en scène et en avril, en Bretagne, les lumières.
En octobre nous l'avons déjà joué face à ma tribu de Redon. Je lisais les textes et Michèle jouait en déchiffrant ses partitions. Je n'en reviens pas comme ça a été vite. Après ça a très peu bougé. C'est très écrit comme spectacle. Quand on le donne au public, c'est le rapport aux gens et la mise en bouche du texte, la sonorité des mots, la matière, qui font que l'écrit change et s'oralise. Pour le conteur, l'écrit est au service de la parole et non l'inverse.
Je n'écris pas pour être lue, mais pour dire. Par exemple j'ai arrêté le texte aujourd'hui pour l'éditer. Je suis sûre que dans six mois des passages auront changé.
Dans *Peau d'âme* il y a des liaisons d'une scène à l'autre que je n'ai pas encore trouvées. Je pense que ça viendra en le jouant. C'est du spectacle vivant. C'est pour ça que je préfère enregistrer le CD quand le spectacle est déjà patiné.

N. M. : Je reviens sur ta relation avec Angelita. A-t-elle assisté à la première ?

G. B. : Attends ! Mieux que ça ! Je suis allée en résidence à Gaillac, enfin à Brens et j'ai fait la lecture devant les personnes de "l'association pour perpétuer le souvenir de Rieucros et de Brens". Il y avait envi-

ron soixante-dix personnes dans un petit auditorium. Là, je faisais une lecture publique et Angelita réagissait dans la salle.
Par exemple, je lisais : "*le lendemain, Angèle s'est réveillée, il était quasi-midi*".
Elle m'interrompt : "*hé, Gigi, dix heures et demie, pas après quand même !*"
Je lis : "*de son cinquième étage...*"
Elle rétorque : "*Huitième !*".
Parfois elle rectifiait des faits historiques ou des détails.
Il y a eu un moment incroyable. Je dis à Angelita : "*tu sais dans le spectacle, ma "Angèle" accueille une petite fille des gens du voyage*".
Elle me répond : "*Il n'y a pas de problème, je suis grand-mère d'une petite fille des gens du voyage*".
Un de ses fils qui vit au Brésil a eu un enfant avec une femme des gens du voyage. Son autre fils, présent à la lecture me demande comment je l'ai appelée ?
Je lui réponds "*Sarah*".
"*Sarah ! C'est justement le prénom de ma nièce !*"
C'était magique. Un télescopage entre l'imaginaire et la réalité.
Je voulais appeler mon héroïne Angèle à cause de ma marraine. Je lui avais dit que j'appellerais ma prochaine héroïne comme elle et qu'elle serait une résistante. Or, le prénom d'état civil d'Angelita, c'est Angèle. Comme elle avait été cantonnée dans la baraque des Espagnoles, parce que ses parents étaient madrilènes, les autres femmes l'ont nommée Angelita. Son mari, lui, l'appelle Angèle. Incroyable !
Dans mon histoire, Angèle était veuve. Mais quand j'ai rencontré Angelita et son mari. Je les ai trouvé trop chouettes tous les deux pour faire de mon héroïne une veuve. Donc je l'ai remise avec un mari.

L'autre hasard rigolo, ça a été que je ne voulais pas faire seulement une histoire historique. Je voulais absolument que Angèle soit de la vie d'aujourd'hui et que mon spectacle soit d'aujourd'hui. Angelita, elle est d'aujourd'hui. Elle suit les actualités et ce n'est pas quelqu'un qui vit dans le passé.
Un jour, Michèle Bouhet grace à qui j'ai connu Michèle Buirette m'a offert un livre d'Alice Ferney : *Grâce et dénuement.*
Je voulais travailler sur les gens du voyage pour mon spectacle. J'avais aussi pensé aux sans papiers, aux SDF. Les gens du voyage m'intéressaient davantage par leur culture et du fait qu'ils aient subi les déportations.
Je lis le livre. Il s'agit de l'histoire d'une institutrice en retraite, comme mon Angèle, qui prête son jardin à des gens du voyage. C'est vraiment le scénario que je peux utiliser pour une scène de mon spectacle. Incroyable !
Ce spectacle est né sous une bonne étoile.

N. M. : D'où vient l'idée forte d'inscrire certaines scènes dans la télévision d'aujourd'hui ?

G. B. : Je trouve difficile de regarder la télévision et d'assister à la souffrance alors que je suis en train de boire un apéro, même si, en même temps, je m'informe. Les journaux télévisés sont de plus en plus voyeuristes, spectaculaires, de plus en plus dans l'hémoglobine, avec des témoins alibi pour faire *live* et je vis très mal les images de guerres et d'exodes.
Dans son livre *Là-bas si j'y suis* Daniel Mermet imagine comment la télévision nous aurait informés d'Auschwitz aujourd'hui. C'est ce passage qui m'a ins-

piré. Quand j'ai construit le spectacle, je me suis demandé comment informer de la situation historique sans être barbante. Donc j'ai eu l'idée du stratège de la télévision. Je trouve que ça donne une forme vivante, ironique et efficace. Les gens apprennent des faits nécessaires à la compréhension de la réalité de ces camps de femmes.

N. M. : Au fond c'est comme si nous public étions dans notre salon et soudainement concernés par les actualités et les informations. Quand Angèle accueille sur son terrain les gens du voyage c'est un acte présent, d'aujourd'hui et de nouveau la présence du pommier. C'est un arbre symbolique pour toi ?

G. B. : Le pommier ! Angèle, dans le spectacle se lève un matin et voit un petit pommier qui pousse au-delà des barbelés. Pour cette histoire je me suis inspirée d'une lettre d'une des internées, une Allemande, qui raconte qu'elle voyait comme ça, un pommier, de l'autre côté du barbelé, qui lui faisait du bien quand elle était enfermée à Rieucros. Quand cette femme allait dans les lycées parler de la guerre elle disait que les jeunes qui l'écoutaient étaient sensibles à cette histoire de pommier. C'est vrai tout ça, je suis vraiment partie d'une matière réelle.
Je lis actuellement un livre formidable d'Anna Novak qui parle de la vie dans les camps avec humour. Elle a osé le titrer *Les Plus Beaux Jours de ma jeunesse.*
Elle y parle de démerde, de resistance, de survie beaucoup plus que de souffrance. Sa force c'était l'écriture. Son journal est le seul qui soit sorti du camp d'Auschwitz. Moi ça m'a influencée. J'ai voulu parler de l'enfermement et de la dignité de ces femmes. Elles

n'étaient pas que des enfermées. Elles étaient des femmes qui souffraient mais qui avaient été mères, épouses, fiancées ; elles ont fait l'amour, elles ont dansé, chanté, aimé. J'avais vraiment ça dans ma tête quand j'écrivais et je ne voulais pas que le spectacle ne soit que sur la misère et la violence d'avoir été déporté. Ce qui me touche c'est que certains spectateurs dont des membres de leur famille ont été déportés ont souscrit à cent pour cent au propos et à l'intention de *Peau d'âme.*

N. M. : La souffrance était le lot commun. Tout le monde souffrait. C'est comme la pauvreté quand elle est le lot commun elle appelle souvent à des solidarités, des partages, de la créativité pour surmonter sa condition.

G. B. : Oui, mais pas toujours. Jihad Darwiche raconte des histoires de la guerre au Liban. Il dit combien la guerre engendrait de profit et de "voyouseté" ! Dans *Le Nom de Klara* l'auteur, Soisig Aaron, fait dire à son héroïne : *Dans les camps on était soit "lâchérisé" soit "couragérisé".*
Des gens développaient une forme de solidarité, d'autres développaient l'inverse ; et puis tu devais avoir ceux du milieu.
Dans *L'Expérience concentrationnaire* Michael Pollack raconte l'énergie que les femmes développaient pour s'en sortir; elles pratiquaient des échanges. Ça s'appelait "organiser". L'une pouvait dire : "j'ai organisé un foulard". Il y avait un trafic incroyable pour résister. Mais il y avait une souffrance terrible ; elles crevaient aussi.

Michel del Castillo parle lui aussi de ces femmes "superbes et entêtées". La force de vie d'Angelita m'a influencée. C'est une petite bonne femme pétillante, vive, dynamique. Je voulais vraiment rendre ça sur scène.
Globalement, dans mes spectacles de contes, j'espère que les gens en sortent plus vivants, plus concernés par leur vie, moins banalisant. L'art pour moi c'est ça : c'est donner du relief pour que les gens se sentent davantage acteur de leur vie. Chacun n'en a qu'une à se mettre sous la dent, alors tant qu'à faire cherchons à ne pas la banaliser.
Quand je sors d'un spectacle ou d'un film que j'ai aimé, j'adhère au monde. J'ai l'impression de l'aimer davantage, d'être plus vivante, d'être ancrée dans le présent. J'adore lire. Quand j'ai lu un roman qui m'a emmenée, je voudrais embrasser l'auteur et lui dire : merci, merci, merci.
Conter c'est pareil que lire. J'emmène les gens quelque part. Je souhaite qu'à la fin ils aient envie de m'embrasser et de me dire : Merci.

N. M. : J'ai pu entendre ça de quelques personnes à la sortie de ton spectacle.

G. B. : Alors ça me fait plaisir. *C'est drôle la vie*, parlait de la mort. Rien ne me touche plus que des gens confrontés à des deuils, notamment après des morts d'enfants, parce que c'est le pire. Que ces gens me disent que le spectacle les a aidés, ça me touche. Ça c'est vraiment humain. Quand je reçois une lettre où la personne me dit qu'elle a vécu ça et ça, et merci, parce que je me retrouve dans votre spectacle, je suis bouleversée.

Je conçois l'art comme un accompagnement. L'art c'est les soins palliatifs ; on est condamné à mort dès la naissance. L'art c'est pour ne pas mourir, c'est pour être plus vivant. C'est pour ça qu'on a besoin de l'imaginaire, parce qu'on ne peut pas tout dire avec le réel. Je fais une conférence qui s'appelle : *Grandir entre rêve et réalité*. C'est à partir de ce que j'ai vécu avec les psychotiques et c'est mon rapport à la vie aujourd'hui. L'art c'est vraiment pour moi dire autrement les événements du réel. Les dire mieux.
Avec un témoignage tu dis la réalité mais le ressenti est beaucoup plus profond et complexe. Ça va plus loin parce que nous sommes des "hommes à la vie inexplicable" (mon roman préféré d'Henri Gougaud).
Dire seulement : "*je suis pauvre, j'ai vécu la guerre, j'ai perdu mon enfant, j'ai perdu mon travail etc.*". Ce n'est rien en face du ressenti en bonheur comme en malheur..
L'art est le prolongement humain de l'homme. C'est pour ça que ça m'enchante d'être conteuse, artiste.

N. M. : Que dire de ton travail avec ta complice, Michèle Buirette ?

G. B. : Je l'ai connue sur scène avec Michèle Bouhet il y a six ans. J'ai beaucoup aimé cette façon qu'elles avaient de se partager la parole. Quand j'ai eu l'idée de travailler sur les camps de femmes, je voulais absolument un partenaire femme. J'ai pensé à Michèle et je l'ai invitée à jouer dans un spectacle avec ATD quart-monde. J'ai bien aimé sa façon d'être avec les gens et d'improviser des soutiens musicaux par rapport à leurs paroles.
Ce que j'aime bien chez Michèle artistiquement c'est sa légéreté musicale et sa compréhension de la scène. Dans *Peau d'âme*, elle intégre très bien en tant que

musicienne les histoires de rapports des personnages. On est sur la même longueur d'onde. On a très bien travaillé à trois avec Martine Dupé, la metteur en scène. En plus, humainement, c'était du gâteau. On est de la même génération, on a vécu les années soixante-dix, les luttes de femmes. On a une complicité artistique, de filles, et de sensibilité politique.

N. M. : Est-ce que Peau d'âme *n'est qu'un spectacle de femmes ?*

G. B. : Oui quand même. Je voulais une femme pour travailler avec moi. Ce spectacle parle d'un camp de femmes méconnu.

Dans *Jan des merveilles* je parle d'un homme, ce fou qui collait des étoiles sur sa veste parce que comme il ne voulait pas souffrir du départ de sa fille devenue prostituée à la grande ville, il inventait qu'elle était devenue impératrice. Alors il était père d'impératrice ! Il ramassait des étoiles n'importe où et les collait sur sa veste. Formidable, profondément humain. La seule phrase que j'ai gardé du livre de Selma Lagerlöf est celle qu'elle fait dire à ce père, le héros : "*quand on habite le val des regrets, on ne se contente pas des choses d'ici-bas, on est bien forcé d'aller chercher des étoiles*".

Ça répond à ce que je dis de l'imaginaire. On ne peut pas comprendre tout avec la réalité, avec l'informatif. C'est bien d'aller chercher des étoiles. Ça donne une autre dimension à l'homme.

En ce moment ce qui me travaille c'est comment les psychotiques et les enfants petits imaginent la naissance, la mort, l'amour. Je voudrais faire un spectacle familial sur ce sujet à partir de collectages et à partir

de poèmes d'enfants psychotiques. Ce qui m'intéresse, c'est de lier l'imaginaire à la réalité.
Les psychotiques souffrent d'être déconnecté du réel. C'est par souffrance qu'on devient fou. Ce n'est pas par plaisir de faire de l'art. C'est parce qu'on ne peut plus vivre qu'on devient fou ; c'est la soupape. Mais après combien c'est dur de communiquer ! Tu es exclu quand tu es fou et c'est plus source de souffrance que de bonheur.
On n'a aucun droit de priver une personne dépendante de ce qui la concerne ; que ce soit un enfant, un adulte, un vieux, un fou. C'est pour ça que j'aime les contes : à la fois pour leur métaphore, leur façon de dire et aussi leur raccourci : “le héros n'a pas de métier, donc il part faire le tour du monde et il épouse... la fille du roi !” C'est de l'autonomie où je ne m'y connais pas ! V'la l'bout.

♥

N. M. : Merci Gigi.

Dans la chaleur moite de fin de jour, un silence fragile chevauche un courant d'air. Les fraises laissent sur le palais un goût de vie tranquille. Gigi Bigot s'active à me servir un verre d'eau fraîche. J'entends un air d'accordéon loin dans ma tête qui me rappelle Peau d'âme, *histoire d'une femme enfermée contre son gré, juste un air léger.*

Portrait-questions
à la manière de Proust

Portrait-questions

Vos films cultes ?
Le Dictateur (Chaplin), *La Strada* (Fellini), *Nous nous sommes tant aimés* (E. Scola), *Tout sur ma mère* (Almodovar), *Le Destin* (Chahine).

Votre livre de chevet ?
Mon chaperon rouge de Ann Ikhlef, illustration Alain Gauthier et le livre du moment.

Votre couleur favorite ?
Le doré : celui des icônes, celui des étoiles, le liseré des nuages, du scintillement des vagues, celui de la rivière-miroir devant la maison, des guirlandes de Noël, du papier cadeau, celui de mes crayons à dédicacer, celui du champagne aussi !

Votre drogue ?
Et je nagerai jusqu'à la page ! Plonger en apnée dans les mots des autres loin loin loin...

Vos héros dans la vie ?
Ceux qui ont "mal aux autres".
(expression de Jacques Brel pour désigner les poètes)

Si vous deviez changer une chose dans votre apparence physique ?
Mes appareils auditifs.

Votre conte préféré ?
Celui qui a toujours quelque chose à me dire au fil du temps. *La Belle et le Monstre* me fascine depuis dix-huit ans.

Les fautes qui vous inspirent le plus d'indulgence ?
Les miennes !

Votre plus grand regret ?
Ne pas être polyglotte mais je n'ai pas dit ma dernière "palabra".

Vos lieux de ressources ?
Maison comme E.T. ! Porte ouverte ou porte fermée

Que détestez-vous par-dessus tout ?
La mauvaise foi.

Comment aimeriez-vous mourir ?
En accord.

Votre devise ?
On ne peut jamais faire l'économie d'un chemin.

Si vous étiez un animal ?
Une louve.

Le bonheur parfait selon vous ?
Quand je rêve que je vole.

Quelle phrase vous inspire le monde ?
"La plus belle chose que nous puissions éprouver c'est le côté mystérieux de la vie, celui qui se trouve au berceau de l'art et de la science véritable."

Einstein.

Où et à quel moment de votre vie avez-vous été la plus heureuse ?
À chaque fois que je suis dans un présent tel... qu'il a un goût d'éternité.

Quel est le principal trait de votre caractère ?
L'appétit.

Et celui dont vous êtes le moins fier ?
Une anticipation redoutable qui ferait dresser les cheveux au moine le plus zen (et chauve).

Quelle est votre tenue vestimentaire préférée ?
Cool couleur.

La qualité que vous préférez chez un homme ?
La malice.

Et chez une femme ?
La curiosité de la vie.

Votre plus grande peur ?
L'erreur judiciaire !

Que possédez-vous de plus cher ?
Le temps.

Qu'avez-vous réussi de mieux dans votre vie ?
Le tricot de mes liens avec ceux qui me sont chers.

Vos peintres favoris ?
Chagall et l'art brut.

Vos trois compositeurs ou musiciens préférés ?
J'écoute surtout de la musique traditionnelle européenne. J'adore les voix et les polyphonies.

Votre chanteuse favorite ?
Ce n'est pas une chanteuse c'est Jacques Brel.

Vos lectures et vos auteurs favoris ?
Ma boulimie est très éclectique. Derniers coups de cœur : Barbara Kingsolver et Hebjorg Wassmo.

Votre mot de la fin ?
Le silence est d'or.

Une dernière question ?
Et vous comment ça va ?

♥

Entretien entre
Michèle Buirette et Nathaël Moreau

♥

“Vous avez de la chance, il pleut. Il faisait soleil depuis si longtemps. Vous restez bien quelques jours ? Quelques heures ! Dommage vous ne verrez pas le soleil aujourd’hui”. C’est par ces mots charmants que nous sommes accueillis par la grand-mère de l’hôtel Moderne *de l’Île Tudy où nous prenons un petit-déjeuner sous couvert, face au port dont l’image de carte postale est plutôt embuée. Michèle arrive sous son parapluie.*

N. M. : Michèle, nous ici à l’île Tudy ?

M. B. : Oui, l’île Tudy, pays Bigouden. Il pleut en plein été et ça va durer pendant deux jours !

N. M. : Tu connais bien cette région ?

M. B. : Ma grand-mère et ma famille sont venues sur cette presqu’île en 1923, j’ai les photos. C’étaient les premiers touristes. Ils avaient des amis bretons. Ils étaient un peu pionniers au fond quand ils débarquaient comme ça. Ils sont arrivés dans ce petit village de pécheurs très pauvres. Il n’y avait pas de maison mise à part celles des pêcheurs du bout de l’Île Tudy. Alentours ce n’était que des dunes de sable de genets et d’ajoncs. Maintenant ce sont des zones pavillonnaires semi-résidentielles. Il y a une politique dans la commune pour garder l’école. Le maire fait venir des jeunes couples et comme ce sont les Parisiens et les Quimpérois qui ont les belles maisons, ces jeunes couples habitent les quartiers pavillonnaires excentrés. On est déjà dans le politique !

N. M. : Si ta famille débarque à l'île Tudy dans les années trente, toi, Michèle Buirette comment débarques-tu dans la vie ?

M. B. : Comment j'ai débarqué dans la vie ?
Je t'ai parlé de ma grand-mère. Je peux dire que ma grand-mère a eu une place très importante dans ma vie. Elle venait du Nord, d'une famille de cheminots et elle adorait la musique et particulièrement l'accordéon. Elle a épousé mon grand-père qui était un riche industriel issu de l'aristocratie. Ma grand-mère à cette époque était mannequin et couturière chez Poiret. Comme elle adorait l'accordéon, elle nous a poussé ma sœur et moi à en jouer dès notre plus jeune âge. Elle disait que c'était plus pratique que le piano. "Cet instrument, vous pouvez l'emporter partout, c'est formidable".
Ma grand-mère était la seule personne de ma famille à avoir une origine prolétaire. J'aimais beaucoup qu'elle me raconte la convivialité des petites gens, des ouvriers du Nord. Ça me changeait du milieu bourgeois dans lequel j'évoluais. Néanmoins dans ma famille persistait le mélange des classes sociales. Il y avait toujours quantité de monde chez moi et il y avait à la fois les collègues industriels de mon grand-père de Kléber-Colombes (les pneus !), des ouvriers, et les frères de ma grand-mère qui étaient d'un milieu prolétaire et tout ce petit monde cohabitait grâce à elle qui était omniprésente.

N. M. : Tes parents sont aussi musiciens?

M. B. : Pas du tout. Mon père était agent commercial. Malheureusement il est mort quand j'avais deux ans et demi. C'était quelqu'un de très gai paraît-il. Ma mère était plus discrète ; c'était quelqu'un de plus timide mais très sensible, elle me poussait dans mes activités musicales, mon grand-père jouait du piano et écrivait des poèmes sur des petits bouts de papier qu'il laissait à notre intention ! À la maison, c'était assez fantasque, assez drôle. On habitait pourtant le seizième arrondissement, mais je voyais bien que par rapport aux autres familles de jeunes que je fréquentais, nous étions atypiques.

N. M. : Ton premier accordéon, tu t'en souviens ?

M. B. : Mon premier accordéon... Oui je m'en souviens. Je le trouvais très lourd, très encombrant et je trouvais très difficile d'en jouer. Je voulais faire comme ma sœur, parce qu'elle jouait déjà pas mal, et c'était dur. L'apprentissage n'a pas été simple. J'étais en plus une petite fille récalcitrante et rêveuse. Quand j'ai compris qu'il fallait vraiment beaucoup travailler, j'ai eu beaucoup de difficulté. Par contre je restais des heures avec cet instrument à faire des notes longues et à rêvasser. Quand mon professeur me demandait si j'avais bien étudié les morceaux, je lui répondais que non, que j'avais complètement oublié. Par contre je me souviens de ma mère me demandant ce que je fabriquais avec cet instrument. Je passais des heures immobile, les yeux fermés, à improviser. C'est ça qui me plaisait, le son tenu, le son de l'accordéon. Pour l'apprentissage, j'étais récalcitrante, le répertoire ne me plaisait pas. Ce n'était pas mon idée de la musique.

N. M. : Alors quel est le déclic qui t'a donné l'envie d'être musicienne ?

M. B. : C'est Piazzola, Richard Galliano aussi et le tango. Mais ça, c'est beaucoup plus tard. J'avais déjà abandonné l'accordéon. J'ai arrêté de jouer vers seize ans. À l'époque, les modèles, c'étaient Verchuren, Yvette Horner, bien que cette femme ait été une grande musicienne par ailleurs. Mais je ne supportais pas. Il y avait quelque chose dans cette musique qui m'agressait, je fermais le poste, j'avais honte. Quand je prenais des cours vers douze treize ans, je me disais : pourvu que personne ne me voie.

N. M. : Ta sœur est musicienne aussi ?

M. B. : Ma sœur est musicienne amateur, mais elle, n'a jamais eu cette rupture avec le répertoire. Elle est plus âgée que moi et elle a toujours adoré le musette.
Très jeune, j'ai aimé les instruments à cordes. Est-ce que je trouvais le répertoire de l'accordéon vulgaire, je ne sais pas ? Avec Piazzola, j'ai compris. Il jouait du bandonéon certes, mais en écoutant j'ai compris que l'accordéon pouvait être un instrument expressif. Ce que l'on entendait, Verchuren entre autres, c'était mécanique ; il fallait que ça joue très fort parce que les accordéonistes avaient besoin de se faire entendre, ils jouaient dans des orchestres avec des instruments à vent. On réglait les lames de l'accordéon pour qu'elles vibrent très fort, c'était un peu faux d'ailleurs. Quand on entend l'accordéon musette de l'époque, c'est faux. Moi, j'aimais le son pur, droit.

N. M. : Tu arrêtes l'accordéon à seize ans. Tu fais des études ?

M. B. : Je vais à la fac en 1968. J'arrête toute musique et je fais des études de psychologie et deviens psychologue à l'âge de vingt-quatre ans. Un jour, en Bretagne justement, j'ai repris l'accordéon. Je commence à entendre des copains qui jouent de la musique traditionnelle. Déjà je trouvais ça beaucoup plus agréable que le musette. Je n'avais plus d'accordéon. Je l'avais vendu. Un copain me dit ce soir-là : "mais toi, tu joues de l'accordéon !" Et j'ai commencé à jouer des gavottes et j'ai trouvé ça assez plaisant et après j'ai fait une école de jazz.

N. M. : Une école de jazz ! Avec accordéon ?

M. B. : Oui, de free-jazz même. C'était l'IACP et j'adorais parce que mon son d'accordéon se fondait dans les sons du saxophone, de la clarinette et je trouvais cela génial. C'est là que j'ai compris que jouant de l'accordéon avec une clarinette, on entend deux clarinettes selon la manière dont on s'exprime avec le soufflet. J'avais toujours un compte à régler avec l'accordéon et j'adorais cette école parce que j'étais la seule accordéoniste et que j'étais entourée d'instrumentistes. Donc mon son se perdait dans le son des autres et ça m'a réconciliée avec l'instrument.

N. M. : Quand je te regarde en parler, j'ai la sensation que c'est un instrument très physique, tu fais des gestes amples et expressifs.

M. B. : Oui c'est physique. On est obligé de respirer avec le soufflet. La ponctuation des phrases est liée au soufflet. C'est un instrument à vent. C'est très important. Il faut être à la fois détendue et à la fois très tonique. C'est un instrument difficile à apprivoiser.

N. M. : Tu as vingt-quatre ans, tu suis ton périple, le free-jazz...

M. B. : Pour moi c'est la découverte ! Ce n'est pas du tout un parcours d'accordéoniste. Je n'ai pas "fait le métier", je n'ai pas accompagné de chanteur, je n'ai pas fait de bal. Je me retrouve dans un milieu où il n'y a pas d'accordéon: le free-jazz.
J'écoute "L'Art ensemble of Chicago", Coltrane, Sun Râ. J'écoute tous les Américains qui débarquent en France parce qu'ils n'arrivent pas à survivre chez eux. Je vais à Châteauvallon. Je verrais toujours Alan Silva me dire : "Mais qu'est-ce que c'est que ça, cet instrument ? *Accourdéone* ?"
Il ne comprenait pas comment ça fonctionnait. Et je me retrouve avec des fous de musique, on écrit de la musique, on fait des improvisations pendant des heures, on est dans la création (avec un petit c) mais ça me convient complètement parce que j'écoute aussi bien Schönberg que Varèse que Piazzola. J'écoute tout. Cette école c'est une ouverture incroyable.

N. M. : Tu es musicienne professionnelle dès cette époque ?

M. B. : Non, je suis encore psychologue et le serai pendant dix ans. Jusqu'à mes trente-huit ans, mais je joue. J'ai un mi-temps qui me laisse assez de loisir et je commence à jouer dans ces orchestres de jazz. J'aborde le métier d'une manière créative en fait, en écrivant de la musique et en la jouant.
Un jour j'apprends que je peux avoir accès aux ASSEDICS avec un nombre de cachets suffisants et je passe dans la vie professionnelle. Je deviens "intermittente !".

C'est un terme que je n'aime pas. Je deviens musicienne professionnelle et je peux me consacrer à mon travail. Je me lance dans ce métier assez naturellement.

N. M. : Ce métier, justement, comment t'y inscris-tu ?

M. B. : Concerts. On est dans les années Mitterrand. C'est une époque où, quand on peut faire des expériences marginales, il y a une curiosité du public qui se manifeste.
C'est à ce moment-là aussi que je crée avec deux autres filles, Geneviève Cabannes contrebassiste, Dominique Fonfrede chanteuse qui vient de chez Georges Aphergis, un compositeur contemporain qui fait des expériences avec la voix, le trio "Pied de poule".
Toutes les trois, on invente une musique à partir de textes originaux. Parfois Dominique écrit à partir de nos musiques. Elle part de mélodies qu'on lui propose pour trouver des mots qui sonnent et qui racontent des histoires. Des mots avec des allitérations, on fait jouer des dissonances. Elle cherche avant tout des textes musicaux. En même temps c'est une écriture issue du surréalisme, à la Queneau, des choses comme ça, pleines de jeux de mots, à plusieurs niveaux de lecture possible.
On crée ce groupe avec lequel j'ai joué pendant douze ans. On trouve un producteur allemand qui nous fait jouer en Allemagne dans des festivals de rock. En France, on est assez vite aidées par trois quatre directeurs de salles qui nous coproduisent. Ils nous aident à faire des créations. À l'époque, c'est génial, je rencontre Michael Lonsdale, par exemple qui nous aide à travailler sur la voix. J'ai eu beaucoup de chance parce que j'arrive dans la profession assez tard et j'ai l'occasion de diffuser une musique qui est la mienne. Mais on travaille beaucoup !

On travaille tous les jours. C'est un parti pris. On joue partout, aussi bien dans des cafés que des salles de spectacle dans les centres culturels et beaucoup à l'étranger.

N. M. : Ce sont des spectacles souples adaptables. Y a-t-il déjà une unité dramaturgique ou sont-ce plutôt des spectacles de type récital ?

M. B. : On a toujours eu du mal à créer une unité dramaturgique, ça restait un récital ou plutôt du théâtre musical. Sur scène, c'était théâtral par notre jeu et notre complicité mais il n'y avait pas de dramaturgie, plutôt des tranches de vie qui se déroulaient.

N. M. : Quelle est la passerelle qui te fait rencontrer Gigi Bigot ? C'est la première fois que tu travailles avec une conteuse ?

M. B. : Ce n'est pas la première fois que je travaille avec une conteuse. J'ai d'abord travaillé avec Michèle Bouhet, une conteuse du Poitou qui m'avait vue dans "trio Pied de Poule". Elle avait été intéressée par le travail vocal qu'on faisait sur scène. Elle me dit qu'elle fait du conte plutôt traditionnel et qu'elle aimerait bien explorer une recherche vocale plus contemporaine. Ça tombait bien, nos violons se sont accordés ! Puis Gigi m'a vue avec Michèle Bouhet et a eu envie de travailler avec moi et ça c'est fait assez naturellement.

N. M. : Comment vous êtes vous rencontrées Gigi et toi ?

M. B. : En février 2001, Gigi m'a invitée à jouer dans un spectacle avec des militants d'ATD quart-monde et m'a parlé

de son projet : “Ça parle des camps d’internement de femmes en France entre 1940 et 1944. J’ai envie de travailler avec une musicienne… C’est un propos engagé… Etc.”
L’année dernière pendant les vacances, Gigi me propose déjà quelques textes. Et c’est vrai que ça m’a été droit au cœur ! Je connaissais peu Gigi. Elle me dit : “Si tu veux, tu es en Bretagne sud, moi je suis à Morlaix, je te propose qu’on se retrouve sur la côte à Douarnenez, sur une plage et je te raconte toute mon histoire”.
J’étais comme aujourd’hui à l’île Tudy, il y a exactement un an et je rencontre Gigi sur une plage avec son texte. Elle me parle de cette femme qu’elle a rencontrée, Angelita, vieille dame indigne très digne et d’un livre écrit par une Allemande sur la vie quotidienne de ces camps de femmes.
Cette proposition répondait pour moi à des préoccupations politiques. Je me trouvais depuis plusieurs années désinvestie du social et de la politique après toutes ces années dont j’ai parlé. Je me voyais baisser les bras et je ne savais plus très bien où j’allais. Je pense que les artistes ont un rôle politique à jouer et que la culture est un lieu d’expression privilégié. Actuellement le contrôle de la pensée par les médias se renforce et devient dangereux. Tout un chacun nous sommes des êtres pensants, les artistes, enseignants et tous les non lobotomisés avons un rôle en tant qu’intellectuels à jouer dans ce pays.
Que Gigi tout d’un coup témoigne de la vie de ces femmes internées, c’est vrai que ça m’a aussitôt plu.

N. M. : Comment des femmes d’aujourd’hui peuvent-elles s’intéresser au sort de femmes dans une histoire qui a plus de soixante ans ? Qu’est-ce qui fait que vous avez cette envie de retourner dans l’histoire ?

M. B. : D'abord j'ai envie de dire que j'ignorais l'existence de ces camps en France. Qu'il y eût des camps de femmes, j'ai eu du mal à comprendre ce que cela voulait dire. Pourquoi des camps de femmes spécifiquement ? C'est la politique de Vichy : mettre les femmes et les enfants d'un côté et les hommes de l'autre. Après, en camps de déportation, les nazis envoyaient les femmes juives au four crématoire parce que déjà elles n'étaient ni rentables ni assez productives. Et puis on a oublié, la doctrine dominante c'était "travail, famille, patrie", les femmes aux foyers etc.
Je pense que les femmes sont plus fragiles physiquement que les hommes. De penser à ces femmes en camp d'internement avec leurs enfants et qui n'ont pas de quoi bouffer, ça me révolte.

N. M. : Tu parles de la fragilité des femmes et pourtant l'histoire montre qu'elles sont plus résistantes que les hommes et moins démonstratives. Ce dont parle Peau d'âme, *le spectacle de Gigi, c'est de la résistance, du courage au quotidien de ces femmes.*

M. B. : Oui, mais je trouve que nous sommes plus fragiles et que c'est notre position de fragilité qui nous oblige à être plus courageuses, plus convaincues de la nécessité de résister. Je trouve que les femmes sont plus inquiètes que les hommes à propos des enfants, ça nous met en position de fragilité et nous oblige en même temps à nous battre sur plusieurs fronts. Ça, c'est intrinsèque aux femmes. La position d'une femme musicienne ou artiste n'est pas la même que celle d'un homme. On ne vit pas les mêmes choses. Pour en revenir à ces femmes internées, je ne sais toutefois pas si j'aurais eu leur détermination.

N. M. : Comment t'inscris-tu dans la proposition textuelle de Gigi Bigot ? Comment construisez-vous ensemble ?

M. B. : Ça se construit facilement. J'ai affaire à une dramaturgie donc quelque chose de nouveau pour moi. Ce ne sont pas des textes poétiques sur lesquels j'ai à écrire des musiques, chose à laquelle je suis plus habituée, mais je suis obligée de penser en termes de narration. Pourquoi de la musique ? A quoi va-t-elle servir ?

N. M. : Gigi Bigot et toi vous allez en résidence à Mende et vous travaillez ensemble. Comment s'élabore ce spectacle ?

M. B. : Pour Gigi, ce qui a été déterminant c'est qu'elle avait envie de faire quelque chose autour des contes merveilleux. Elle apprend qu'en camp d'internement, des femmes mettent en scène *Blanche-Neige* où le chasseur est la gestapo etc. Elle découvre ce texte et ça devient révélateur pour elle. Elle est bouleversée par le fait que ces femmes dans ce camp dans un désarroi profond aient encore envie de créer et décident de monter une pièce de théâtre en se servant du conte, parce que le conte a justement ceci de merveilleux qu'il existe au-delà des générations. C'est une part de l'inconscient collectif. C'est d'ailleurs ce qui me plait beaucoup.
Le conte, c'était pour moi : traditionnel, ancré dans le passé et à la frontière du passéisme même. Comme j'étais plutôt marginale, je n'étais pas intéressée par le conte. Quand j'ai compris la matière du conte, c'est-à-dire le lien avec l'inconscient, je me suis mise à adorer. J'aime le fantastique. Ce qui m'attire dans le conte c'est le fantastique, comment dépasser la réalité, décoller de la réalité.

Gigi et moi on a des parcours très différents. Je suis musicienne et je réagis à des ambiances globales. Quand Gigi raconte, je vois une image, le conte c'est une métaphore. Je fonctionne comme ça. J'ai une image qui me vient et je me laisse aller à explorer une matière musicale. Je crée une musique, j'improvise. C'est quelque chose qui peut aller dans le sens ou à l'encontre du texte, parce qu'on a besoin par exemple de dédramatiser certaines situations. La musique a plusieurs fonctions. Elle peut être illustrative. Elle peut aussi avoir son propre langage et donner une autre couleur ; amener ailleurs, faire sens. Je pense que le texte est comme l'image. On montre une vue de ce port, on met une musique sur l'image et l'on ne voit plus du tout la même chose. La vision est transformée par le son.
Gigi dit quelque chose ; je lui fais plusieurs propositions et l'on sent bien que, suivant la matière musicale cela mène ailleurs qu'à la proposition textuelle initiale. À partir de là se pose la question du sens. Quel sens on veut donner à l'ensemble et quel sens va avoir la musique à cet instant.
Il y a le chant aussi. Je chante. Quand on chante, c'est encore autre chose, on devient un personnage. Je ne suis plus une musicienne quand je chante, je suis plus humaine et je deviens quelqu'un qui chante quelque chose. J'ai un rapport aux mots. Quand j'accompagne Gigi qui dit son texte, je suis musique. Mais si tout à coup, je viens en avant et que je chante, je suis dans le prolongement de son texte, je suis un personnage. Comme Gigi qui un moment est Angèle personnage et tout d'un coup, Gigi Bigot conteuse en train de raconter son histoire.
Je fais des propositions d'écriture musicale à Gigi et nous échangeons. Elle me dit : "Avec cette proposition musicale, ça m'amène là, est-ce que c'est intéressant ? Etc."
Ça va assez vite. On se met rapidement d'accord. Son

texte est pratiquement abouti. Elle avait beaucoup travaillé en amont, Gigi. Elle avait déjà tous ses ingrédients et il n'y avait plus que des histoires de détails à régler. Très vite on trouve les musiques adéquates. On n'a pas galéré pendant des heures et des heures. Par contre ce qui a été le plus difficile, ce fut de trouver le rythme du spectacle. Ça, c'est la clé !

J'ai dit à Gigi : "Attention, tu as un texte et une situation qui sont parfois dramatiques et nous devons dans ces moments-là trouver la distanciation".

Par exemple, sur l'échange entre Blanche-Neige et le chasseur, je lui ai proposé de le traiter façon opéra pour que le chant donne de la distance par rapport au drame. Nous avons cherché des ressorts comiques. Gigi a ces ressorts en elle, dans sa façon de raconter.

Le public reçoit l'histoire de ces camps d'internement, du fascisme, de l'arrestation des juives qui a existé à Gaillac, c'est énorme ! Dans les premières représentations en Lozère, les gens avaient la larme à l'œil presque tout le temps. On s'est dit qu'il fallait absolument trouver des moments de détente, de respiration. Donc de la légèreté dans la gravité. C'est le paradoxe ! Au moment où on fait pleurer les gens, on les fait rire instantanément. Parce que la vie est faite de ce genre de paradoxes. On rit, on pleure.

N. M. : Vous faites appel à une metteur en scène ?

M. B. : Oui, à Martine Dupé. Une fille très sympa qui nous a beaucoup aidées à nous donner confiance l'une par rapport à l'autre. Les conteurs sont habitués à conter, seul. Ils se laissent aller à prendre leur place, largement oui, oui ! De temps en temps ils doivent prendre conscience qu'il y a des règles avec la musique. Par exemple, si le conteur

commence à s'étendre sur tel ou tel sujet, ça a des conséquences sur l'ensemble. La musique, c'est rigoureux, c'est technique, on est obligé de respirer, on ne peut pas faire n'importe quoi. Quand on termine un cycle harmonique, il faut que le conteur respire avec ce cycle. La musique, c'est plus rigoureux que les mots. Par exemple quand on fait un "pain" en musique, c'est insupportable, le public a mal aux oreilles. Quand un conteur ou un comédien bute sur un mot ça ne fait pas mal. Parfois un bon lapsus fait trébucher mais ça ne fait pas mal. En musique, l'erreur est tout de suite ressentie.
Gigi m'a sollicitée autant comme musicienne que comme femme. Martine, la metteur en scène nous a aidées, elle nous a rapprochées dans l'espace, elle a essayé de créer des images, elle nous a fait respirer. Elle disait à Gigi : "Là, c'est Michèle qui continue, qui prolonge avec la musique et toi il suffit que tu aies une réelle présence et que tu attendes". Martine a été très importante parce que c'est le regard extérieur qui fait que l'on arrive à respirer et à se dire que l'on a chacune une réelle partenaire. On joue à deux. Quelquefois on est tendue. Quand on n'a pas un spectacle en main, on a tendance à ne pas respirer et à aller très vite. Alors que c'est tout le contraire qu'il faut faire. Respirer, faire des silences, laisser parler l'autre, passer et faire en sorte que ça circule entre l'une et l'autre et savoir que quand on ne fait rien et que c'est l'autre qui a le relais, on est là, présente, on attend et l'on est toujours là.

N. M. : Si on continue notre exploration du spectacle, on s'aperçoit qu'il y a toute une dramaturgie par rapport au récital. À un moment, puis de manière répétitive, vous vous servez de la télévision pour nous informer du devenir de ce camp et de ses habitants. Et puis il a Angèle, personnage principal. Tu as rencontré son modèle ?

M. B. : J'ai rencontré Angelita tardivement, le jour de la première en fait. Auparavant tout le travail de rencontre et de collectage fut le travail de Gigi. Ce travail d'ailleurs est propre aux conteurs, aller à la rencontre des gens, témoigner, questionner, interroger, chercher le témoignage vivant. Je trouve cela humble. Gigi s'est vraiment appuyée sur les témoignages de cette femme. Elle était sa muse.
Gigi a essayé d'être au plus près de ce que cette femme racontait. Je trouve ça d'une grande rigueur et d'une profonde honnêteté. C'est un peu comme un musicien traditionnel. J'ai un copain, Laurent Jouin, qui chante en Breton et il a été apprendre avec les vieux. J'aime ce côté passeur qu'ont les musiciens traditionnels : aller chercher les sources et être fidèle à ça. Après Gigi a transformé son Angèle parce qu'elle n'est pas archaïque Gigi ! Et il n'y a aucune raison d'être des traditionalistes et des conservateurs, n'est-ce pas !

♥

N. M. : Un passeur, c'est pour aller d'une rive à l'autre et non pour rester sur la même rive ?

M. B. : Le conte, il faut le bousculer. Moi je ne suis pas du tout d'accord avec l'immobilisme. Simplement être le garant d'une tradition, ça ne me va pas. Je trouve qu'il y a beaucoup de danger. On le voit bien actuellement. Le passé est important. Les vieux savent tellement de choses. On éprouve toujours le besoin en tant que personne d'aller à un moment donner parler à sa grand-mère. C'est humain et c'est hyper important parce qu'on ne peut pas avancer sans connaître bien son passé. C'est pareil socialement, mais néanmoins on ne doit pas reproduire ce qui a été fait. On est quelqu'un d'unique. C'est pareil pour la culture, on doit la porter ailleurs ; il faut innover ! C'est important. Je trouve que Gigi par rapport au conte, innove. On dit “passeuse” ? Elle sait bien faire ça, aller d’une rive à l’autre. Ça m’a impressionnée.

N. M. : Gigi et toi vous avez une grande complicité sur scène.

M. B. : Oui, On se passe des relais. Il y a une circulation tranquille entre nous. Il y a ce personnage d’Angèle qui est au centre et c’est vrai que je me sens Angèle quelquefois. Tout à coup je vais la porter à travers une chanson, à travers son quotidien, ce qu’elle est.
Oui, on est toutes les deux à porter ce texte. Je ne sais pas comment en parler plus. Je pense qu’il faut voir le spectacle. Pour moi c’était essentiel, j’avais envie que ça circule entre nous non parce que j’ai un ego démesuré, mais j’avais envie d’être porteuse autant que Gigi de ce texte et de cette Angèle.

N. M. : À tour de rôle, toi et Gigi vous êtes Angèle. Mon expérience de spectateur est que je crée ma propre “Angèle” à partir des pièces de puzzle que vous me donnez d’elle.

M. B. : Gigi cherchait une femme pour complice de scène. Elle voulait que ce soit porté par des femmes. Ce n’est pas innocent. Cela veut dire que l’on s’identifie toutes les deux à ce personnage d’Angèle et à toutes ces femmes. On est ces femmes. À un moment donné quand on raconte l’arrestation des Juives, nous sommes ces militantes qui font barrage pour empêcher leur départ. Il y a la fête des mères détournée par les politiques et quand on parle de cette manifestation avec ces chants de femmes qui arrivent sur le devant, nous sommes ces femmes.

N. M. : Pour toi, Michèle, ce spectacle te donne envie de continuer dans cette direction, dans une inscription dans une dramaturgie ?

M. B. : C'est ce que je fais actuellement. Je travaille sur un texte de Calaferte, avec un comédien, Marc Wyseur, une contrebassiste de jazz, Hélène Labarrière. Le projet est de réaliser un spectacle musical autour d'un texte littéraire, ce qui est très différent d'un texte de l'oral, de la parole du conteur. Le texte littéraire est difficile à traiter musicalement. Mais le texte de Calaferte est assez musical. Il y a des moments où c'est de la poésie. C'est très rythmique. Chronologiquement ce sont les souvenirs d'enfance de Louis Calaferte. Il a onze ans en 1940 et donc quinze ans en 44. Il passe de l'enfance à l'adolescence. C'est toute la prise de conscience de la guerre, de la collaboration, de l'arrestation des Juifs, des camps de concentration et enfin de l'arrivée des Américains. C'est un texte extrêmement dur, assez pessimiste sur la nature humaine. Comment, à un moment donné, on est amené à accepter des choses en bas de chez soi et de ne rien dire sur ce qui se passe. On arrête un Juif et personne ne dit rien. Il y a des femmes internées à Mende, on va les voir le Dimanche en famille derrière les barbelés !

N. M. : On arrête un "sans papier" et on ne dit rien ?

M. B. : Ce serait ça aujourd'hui. On n'a plus le droit d'héberger chez soi un "sans papier", on est passible de prison. Un sans papier ou quelqu'un qui arrive en France de manière illégale. Voilà.

N. M. : Ce souci d'aller chercher dans l'histoire, c'est pour réveiller les consciences aujourd'hui ? C'est quoi cette histoire d'engagement pour toi ?

M. B. : Ça rejoint mon histoire personnelle et familiale. Je suis d'une famille qui n'a pas collaboré mais qui ne s'est pas franchement manifestée par sa résistance. Mes parents étaient des français "consensuels". On m'a quand même fait promettre de ne pas épouser un Juif, ce que je me suis empressée de faire.

N. M. : Tu aurais souhaité plus d'engagement de leur part ?

M. B. : Oui, bien sûr. J'ai vécu soixante-huit donc ça m'a bercée et réveillée. Là je me suis vraiment opposée à "l'état bourgeois" et à ses valeurs.
Je me rends compte maintenant que c'est beaucoup plus compliqué qu'un slogan. J'ai pardonné à ma famille. Je leur ai pardonné de ne m'avoir pas fait naître dans une famille de grands résistants. Et puis est-ce que moi, dans les mêmes circonstances, j'aurais résisté ? Est-ce que je n'aurais pas collaboré à cette époque dans une famille de français de droite ? Alors sur ce sujet, il faut être humble. Non, je ne sais pas ce que j'aurais fait. Je sais ce que je suis capable de faire maintenant, c'est facile. Mais je ne sais pas ce que j'aurais fait entre 1940 et 1944. J'aurais peut-être fait comme ces gens qui ne disaient rien.

N. M. : La question c'est : qu'est-ce que je fais en 2003, 2004 ?

M. B. : Voilà. Alors je suis heureuse de travailler avec Gigi et de présenter ce spectacle qui me porte beaucoup et je suis très heureuse de réaliser ce projet sur le texte

de Calaferte. C'est le prolongement de mon travail et de ma démarche artistique, présenter un texte d'une parole engagée porté à trois.
Ça s'appelle : *C'est la guerre*. Je trouve que ça tombe bien dans cette période de régression sociale où certains essaient de faire une France à la Thatcher ou à la Berlusconi au choix, ou les deux en même temps.
La question de l'éradication des intermittents est une volonté de museler la parole, la pensée, j'en suis persuadée. Donc il faut parler, il faut que les gens puissent continuer à s'exprimer, à penser, à créer. On en revient à *Peau d'âme* et à ses femmes qui ont réussi dans des périodes extrêmement difficiles ; alors qu'elles mourraient de faim, qu'elles vivaient dans la précarité, elles ont réussi à lutter et témoigner, à se révolter et à créer. Elles ont eu le courage de chanter, de jouer *Blanche-Neige* etc. Il faut donc continuer de jouer *Blanche-Neige*.

♥

N. M. : Dans le travail avec Gigi autour de Peau d'âme, *aurait-on oublié de dire quelque chose ?*

M. B. : Oui, J'ai été émue de la présence de Michel del Castillo à la première et de le sentir en sympathie avec *Peau d'âme*. J'étais fière de rencontrer un écrivain engagé et aussi tous ces gens des Cévennes qui s'étaient déplacés ce soir-là. Oui, fière.

N. M. : Merci Michèle.

C'est sur la pointe des pieds que j'ai quitté l'île Tudy, laissant Michèle à ses ami(e)s et à son accordéon. Bien sûr il pleut encore sur ce bout de Bretagne, mais c'est une pluie douce qui caresse la terre et les mots, qui donne de la sève aux plantes et aux paroles. C'est toujours mieux que les silences des non-dits, j'en suis sûr.

Gigi Bigot
conteuse

1950 : Naissance dans une famille bretonne récemment arrivée “à la ville”.
Vit en direct l’arrivée triomphale du formica et des veillées entre voisins devant *La Piste aux étoiles.*

1969 : Bac de Philo et entrée dans le monde du travail par le biais de l’éducation spécialisée

1972/77 : Cinq années dans l’enseignement au milieu des corons lui font apprécier les moules frites et le théâtre militant.

1979/89 : Enseignante à l’école expérimentale de Guénouvry (44) auprès d’enfants autistes et psychotiques.
Elle y conduira les quatre dernières années un atelier thérapeutique autour du conte.

1981/83 : Spectacles de rue avec la Fanfare - Théâtre de l’Edredon. Approche du clown.

1983/84 : Elle anime une émission pour enfants à la radio Pays de Vilaine : *Dis-moi quelque chose.*
Prend conscience de la musique de la voix.

1989 : Pour fêter à sa façon le bicentenaire de la Révolution, elle concourt en finale au Grand Prix des conteurs de Chevilly-la-Rue (91) et remporte la Bogue d’Or à Redon (35).

1992 : Devient conteuse professionnelle. À ce jour, Gigi Bigot a créé six spectacles pour adultes et/ou enfants, certains accompagnés de l’accordéon, et tous suivis d’une production sonore ou écrite (mis à part *Jan des Merveilles*, version oralisée d’un roman de Selma Lagerlöf).

1999 : Remporte le prix à la Création artistique, catégorie Conte, délivré par le Conseil Régional de Bretagne, pour le spectacle *C’est drôle la vie.*

Gigi Bigot s'inspire d'histoires traditionnelles, qu'elle mixe avec son propre regard sur la vie et le monde d'aujourd'hui. Elle se décrit comme "une trafiquante, une contrebandière de contes".
Même s'ils viennent de la nuit des temps, elle les recrée dans une forme contemporaine et situe son art au milieu du spectacle vivant.
Ce qui l'anime à travers les contes c'est la force d'évocation de leurs images, le point de vue malicieux de l'homme sur sa condition et cette capacité à allier sans cesse humour et émotion. Parodiant Frisoni à propos de la culture, elle dit que "les hommes ont inventé les contes pour ne pas laisser aux dieux l'exclusivité de la création !".

Parcours artistique :
1993 : *Histoires sous le pommier*
1994 : *Croqu'en Bouille*
1994 : *Redondaine*
1995 : *Jan des Merveilles*
1997 : *Ainsi soient-elles*
1998 : *C'est drôle la vie*
1999 : *Lulla dans la lune*

Quelques Références :
Festivals : Mythos (Rennes), Meli'môme (Reims), Festival Jeune Public du Printemps de Bourges, Coquelicontes (Limoges), 1er Festival de Contes à Paris (l'Européen), Festival de Théâtre jeune public de Noirmoutier, Etonnants Voyageurs (Saint-Malo), Les arts du récit (Grenoble), Paroles engagées (Chevilly-Larue).
Centres Culturels : Le Grand Angle à Voiron, Les Colonnes (Blanquefort), Espace culturel Senghor (Bruxelles), La Halle aux Grains (Blois), Scène nationale d'Angoulème, le Carroi (la Flèche), Espace Duchamp Villon (Rouen)...
Tournées : Chainon manquant 2003, CCAS, L'Yonne en scène, Festival en Recommandé, Chemins de Traverse, Bretagne en scène...
Et à l'étranger : Chine, Nouvelle-Calédonie, Québec, Algérie, Niger, Portugal, Belgique, Suisse, Espagne, Brésil...
Depuis 2000, Gigi Bigot raconte aussi en espagnol.

Michèle Buirette
composition, accordéon et voix

Collabore, depuis 1985
- avec les danseurs et chorégraphes, les carnets *Bagouet,* Didier Silhol, Odile Azagury, Jean Gaudin, La compagnie A tulle tête.
- avec les acteurs Michael Lonsdale et Jean-Marie Maddeddu
- avec les musiciens de Un drame musical instantané, Hélene Sage, Gérard Siracusa, Bruno Girard, Didier Petit, Hélène Labarière, Patrick Saussois, Maggie Nichols, Joelle Léandre...
- avec le chanteur breton Laurent Jouin
- avec la conteuse Michèle Bouhet (*Nuit blanche* 1998)
- avec l'auteur Philippe Raulet et La compagnie F7 (*Nuit de chien* de Philippe Raulet).
- compose pour le cinéma (la fondation Albert Kahn, pour la radio et la romancière Annie Ernaux)

Co-fondatrice en 1986 du trio Pied de Poule avec Geneviève Cabannes et Dominique Fonfrède, tournées en France, Belgique, Italie, Suisse, Allemagne, Pays-Bas, Algérie, Québec, USA, Pays Baltes, Scandinavie, Croatie, Slovénie...

2001-02 : Création du spectacle *Histoires Zazoues*, autour de Prévert et Queneau (Cité de la musique)

2003 : Création du spectacle *Peau d'âme* avec la conteuse Gigi Bigot, festival Contes et rencontres en Lozère, Mythos en Bretagne.

Discographie:

- Michèle Buirette *La Mise en plis* (GRRR)
Le radeau de la Méduse (Bad Alchemy)
- Dernier Cri *Gesticulation* (IACP)
- L'Arme à l'œil (Bad Alchemy)
- Canaille *Canaille 91*
- Un Drame Musical Instantané
Carnage (GRRR)
French Resistance (Dry Lungs)
Carton (GRRR)
- Pied de Poule *Indiscrétion* (GRRR/no man's land)
Café noir (GRRR)
Jamais tranquille ! (Unidisc-Auvidis)
Confection et articles divers (Loup du fau bourg Night and day)
Histoires de Jo hommage à Jo Privat (Djaz records dist.Dam)

Nathaël Moreau, écrivain

Écrit plusieurs pièces de théâtre dont il assure la mise en scène : *Haxör, Agget (*Stockholm), *Le Voyage de Monsieur et Madame Akenbury* (Avignon).

Collabore régulièrement aux créations de la compagnie du Cercle dirigée par Abbi Patrix *(L'Amour des trois oranges,* Roissy 1997, *L'Homme qui marche,* Évry 1997, adaptation de *Peer Gynt* de Ibsen, avec Margrethe-Johanne Patrix-Hansen, Évry 1998).

Participe au projet *Y a-t-il un conteur dans la ville ?*, à la création *Éclats d'histoires*, scène nationale d'Évry (écriture, collectage, ateliers de paroles et d'écriture).

Publie :

Cœur de conteurs, collectif, éditions Syros.

Opus et *Éclats d'histoires* pour la compagnie du Cercle.

Jésus passeur d'espoir, éditions Bayard.

Abbi Patrix raconte Au bout du monde, éditions Paradox, collaboration à l'écriture avec Abbi Patrix

Contribue à la vie littéraire et aux publications de La Maison du Conte de Chevilly-Larue.

Réalise tous les entretiens de la collection *Conteurs en scène*, éditions Paradox.

Merci à

Angélita Bettini pour la transmission
Mechtild Gilzmer pour son livre
Michel del Castillo pour ses mots
à tous les trois pour leur formidable présence à la sortie de *Peau d'âme* à Mende

Marie Huguet pour sa confiance
Mado Deshours pour son compagnonnage
Paula Fourdeux pour la chaleureuse "résidence brestoise"
ma tribu de Redon
et aux oreilles de la Girafe
Mathieu Dessailly pour son feeling
aux membres de l'association "Pour perpétuer le souvenir des camps de Rieucros et de Brens" pour leur intérêt et leurs renseignements
Michèle Viguier pour son soutien
aux habitants de Mende, de Gaillac et de Brens qui ont suivi l'aventure avec émotion et curiosité

Pour en savoir plus :
Les Portes du sang, Michel del Castillo, éd. du Seuil
Camps de femmes de Mechtild Gilzmer, éd. Autrement
Grâce et dénuement de Alice Ferney, éd. Acte sud

Partenaires du spectacle
en coproduction avec : la Fédération départementale des Foyers ruraux de Lozère / Les Scènes croisées, scène conventionnée départementale de Lozère / le festival Mythos, Rennes / le Centre culturel Pôle sud, Chartres de Bretagne
avec l'aide de : le minsitère de la Culture et de la Communication - DRAC Bretagne / le Groupement d'intérêt public du Pays de Redon et Vilaine / l'Office municipal du tourisme de Mende / les Municipalités de Gaillac et de Brens

maquette *atelier* Patrix

visuel de couverture :
Le Jardin graphique/ Matthieu Desailly
photographie Rodolphe Marics

photographie page 4, Richard Volante
photographie page 96, © Bärbel Högner

achevé d'imprimer en novembre 2007
sur les presses de EMD
53110 Lassay-Les-Châteaux

Dépôt légal : octobre 2007
Numéro d'impression : 17458

Imprimé en France

IMPRIM'VERT
Votre imprimeur agit pour l'environnement

contact éditions paradox
99, rue de Vaugirard – Paris 6e
01 44 39 85 54

editionsparadox.com